Heinrich Wilhelm Pabst

Über landwirtschaftliche Fortbildungsschulen und Wanderlehrer

sowie über die Mittel zur Bildung und Belehrung des Bauernstandes überhaupt

Heinrich Wilhelm Pabst

Über landwirtschaftliche Fortbildungsschulen und Wanderlehrer
sowie über die Mittel zur Bildung und Belehrung des Bauernstandes überhaupt

ISBN/EAN: 9783743642881

Hergestellt in Europa, USA, Kanada, Australien, Japan

Cover: Foto ©Paul-Georg Meister /pixelio.de

Weitere Bücher finden Sie auf **www.hansebooks.com**

Ueber landwirthschaftliche

Fortbildungsschulen

und Wanderlehrer

sowie über die

Mittel zur Bildung und Belehrung des Bauernstandes überhaupt

von

Dr. H. W. Pabst

k. k. Ministerialrath i. P.

Wien 1867.

Wilhelm Braumüller

k. k. Hof- und Universitätsbuchhändler.

Es gibt Wahrheiten, denen Jedermann beipflichtet und deren wichtige Bedeutung Jedermann zugibt, die aber demohnerachtet nicht nach Gebühr gewürdigt und zur Geltung gebracht werden.

Niemand stellt z. B. in Abrede, daß die Bodencultur eine wichtige, oder selbst die wichtigste Stelle im volkswirthschaftlichen Leben einnimmt, daß deren Vervollkommnung und Hebung darum von größter Bedeutung sei; dennoch nehmen wir nur zu häufig wahr, daß von der Mehrzahl derer, welche sich mit der Bodencultur beschäftigen, Vieles, was geschehen sollte, unterlassen, Vieles nicht so ausgeführt wird, wie es gemacht werden sollte. Gleichzeitig mangelt es nicht an Gelegenheit wahrzunehmen, daß Diejenigen, welche nach ihrer öffentlichen oder socialen Stellung berufen sind, das Ihre zur Förderung oder Verbesserung der Bodencultur beizutragen, viele Unterlassungssünden begehen!

Ebensowohl wird man es als eine außer allem Zweifel stehende Wahrheit anerkennen, daß die Grundlage zu jedem landwirthschaftlichen Fortschritte im größeren Maßstabe die Begründung und Verbreitung besseren Wissens und Könnens unter Denjenigen sei, welche sich mit der Landwirthschaft überhaupt oder auch nur mit einem der vielen einzelnen Zweige derselben beschäftigen, oder in Zukunft sich damit beschäftigen sollen. Aber gerade hierin ist fast überall nicht genug, insbesondere aber im österreichischen Staate weit zu wenig geschehen!

Indem ich diese, vielleicht Manchem zu weit gehend erscheinende Behauptung aufstelle, will und darf ich nicht unerwähnt lassen, daß man in Bezug auf die landwirthschaftliche Berufsbildung in neuerer Zeit allerdings mehrfach thätig gewesen und noch thätig ist. Man hat höhere, mittlere und niedere land- und forstwirthschaftliche Schulen, sowie Schulen für verschiedene Nebenzweige, wie für Wein-, Obst- und

Gartenbau u. a., errichtet; die landwirthschaftlichen Vereine haben sich vermehrt und ausgebreitet; dieselben haben es sich auch angelegen sein laßen in ihren Versammlungen, durch ihre Vereinsblätter, Kalender u. f. w. auch auf diejenige Klasse der Landwirthe zu wirken, welcher Belehrungsmittel nur sehr spärlich oder selbst gar nicht zugänglich sind. Die große Nützlichkeit jener Anstalten und Bemühungen kann Niemand mehr anerkennen als der Schreiber dieser Zeilen; allein derselbe hat auch genug Gelegenheit gehabt sich zu überzeugen, daß jene Bestrebungen als noch nicht ausreichend sich erwiesen haben.

Man beliebe nur die Zustände der ländlichen Bevölkerung (des Bauernstandes) genau zu untersuchen, und man wird finden, daß diese Zustände, im Großen und Ganzen genommen, nicht so sind, wie sie sein könnten und sollten; daß sie vielmehr sehr viel zu wünschen übrig lassen, ja häufig als bedenklich erscheinen und der Verbesserung und Aufhilfedringend bedürftig sind, damit nicht die bereits stark fühlbar gewordene Verarmung des kleineren Landwirthes in erschrecklicher Weise weiter um sich greife! Man übersehe dabei nicht, daß in den Händen dieser Klasse der Grundbesitzer der größere Theil des Bodens ist, welcher der landwirthschaftlichen Cultur überhaupt anheimfällt.

Es würde die Grenzen weit übersteigen, welche ich mir für den Umfang dieses Schriftchens gesteckt habe, wenn ich hier auf eine gründliche Erörterung all' der Ursachen eingehen wollte, welche jene Zustände veranlaßt, das Eintreten besserer Verhältnisse verhindert haben. Es wird sich aber schon bei einer oberflächlichen Betrachtung herausstellen, daß das Zusammentreffen und Fortbestehen verschiedener Uebelstände einerseits, und mehrfache Unterlaßungsünden andererseits, an den dermalen vorherrschenden bedenklichen, ja traurigen Zuständen der ländlichen Bevölkerung ihren Antheil haben. Indem ich aber von lange her bemüht war, dem Uebel auf den Grund zu sehen und auf die besten und sichersten Abhilfsmittel zu denken, bin ich je länger um so mehr von der Ueberzeugung durchdrungen worden, daß zur Hebung der ungünstigen Zustände der bäuerlichen Wirthschaften vor Allem Noth thut: Belehrung des hochachtbaren Standes der bäuerlichen Wirthe, um zu der Einsicht zu gelangen, daß und wie sie ihren Betrieb zu verbessern haben, unter Zuhilfenahme der großen Fortschritte, welche der Betrieb der Landwirthschaft in neuerer Zeit gemacht hat, welche Fortschritte ihnen aber großentheils unbekannt geblieben sind.

Allerdings haben wir nächstdem auch noch andere wichtige Abhilfemittel in Anspruch zu nehmen, namentlich in Bezug auf die zurückgebliebene oder selbst vernachlässigte Culturgesetzgebung, sowie in Bezug auf Vertretung der landwirthschaftlichen Interessen gegenüber der Regierung und bei den Landesvertretungen; aber ich setze das Erforderniß besserer, den Anforderungen der Jetztzeit entsprechender Bildung und Belehrung in erste Linie und will mich in diesem Schriftchen auch nur damit beschäftigen. Uebrigens beanspruche ich durchaus nicht, mit ganz neuen Gedanken hervorzutreten; vielmehr constatire ich sehr gerne, daß mein Thema schon seit Jahren öffentlich besprochen, und daß auch schon mancher bedeutende Schritt gethan wurde, die Durchführung der ausgesprochenen Ueberzeugung anzustreben; ja es liegen bereits in mehreren deutschen Ländern beachtenswerthe Anfänge und Erfolge vor Augen, auf welche ich zurückkommen werde.

Vor Allem ist der nun seit 30 Jahren bestandenen Wanderversammlung der deutschen Land- und Forstwirthe das Verdienst zuzuerkennen, daß sie von ihrem Entstehen an die Frage über die bessere Berufsbildung des Bauernstandes, die Verbreitung zeitgemäßer Kenntnisse unter selbigem, aufnahm und für so wichtig anerkannte, daß dieses Thema seitdem wie ein rother Faden durch alle ihre Verhandlungen läuft.

In der Versammlung zu Cleve (im September 1855) war ich aufgefordert worden, über den Stand der Verhandlungen über unseren Gegenstand und über die zu dessen Förderung zu verfolgenden Ziele mich eingehend zu äußern. Ich gab zuvörderst eine Uebersicht über die zu dem Ende seit 18 Jahren (vom Herbst 1837 bis 1855) in den Wanderversammlungen der deutschen Land- und Forstwirthe gepflogenen Verhandlungen, und da es dem für die Sache sich interessirenden Leser wünschenswerth sein kann, zu erfahren, welche Ansichten über unser Thema von den Autoritäten der deutschen Landwirthschaft in jenem Zeitraume geltend gemacht wurden, so lasse ich einen Auszug aus meinem zu Cleve gehaltenen Vortrage über die auf die Tagesordnung gesetzte Frage und über die darüber gepflogene Debatte folgen:

„Auf welchem Wege ist eine bessere Berufsbildung des Bauernstandes am sichersten zu erreichen?"

„Diese Frage ist schon bei der Mehrzahl der früheren Versammlungen verhandelt worden, woraus zur Genüge zu entnehmen ist, daß man sie für eine höchst wichtige angesehen hat. Schon die erste Versammlung in Dresden hat anerkannt, daß eine gute Schulbildung die Grundlage für eine glückliche Zukunft der bäuerlichen Wirthe bilden müsse; man war ferner der Ansicht, daß die Beispiele der höher gebildeten Klasse der Landwirthe wesentlich auf die Bildung und wirthschaftliche Verbesserung der minder gebildeten Klasse wirke; auch wurde zweckmäßig abgefaßten Schriften, namentlich in der Form von Volkskalendern, ein Werth beigelegt. In der zweiten Versammlung zu Karlsruhe, in der dritten zu Potsdam und in der vierten zu Brünn, wurde der Gegenstand weiter erörtert, auch wurde in Karlsruhe ein Preis für die beste Schrift zur Belehrung des Bauernstandes ausgesetzt. In Potsdam wies man insbesondere auf die Wichtigkeit und Vermehrung der niederen landwirthschaftlichen Fachschulen („Ackerbauschulen") hin, deren damals erst wenige in Deutschland existirten*). Ferner wurden Vorschläge gemacht, den landwirthschaftlichen Unterricht mit der Volksschule in Verbindung zu bringen, was jedoch als nicht praktisch durchführbar erkannt wurde."

„In der fünften Versammlung zu Doberan (Meklenburg) wurde das Thema wieder aufgenommen. Mit besonderer Vorliebe wurde der dort seit einigen Jahren veranstalteten sogenannten „Bauernversammlungen" gedacht, welche bereits viel Gutes bewirkt hätten. Auch hielt man für sehr wünschenswerth, daß der Bauernstand mehr, als dies gewöhnlich der Fall sei, zur Theilnahme an den Verhandlungen der landwirthschaftlichen Vereine herbeigezogen werde."

„In der achten Versammlung zu München wandte man sich von Neuem dem besseren Unterrichte in der Dorfschule zu. Einige

---

*) Den Ackerbauschulen und deren zweckmäßigster Einrichtung wurde auch in späteren Versammlungen besondere Theilnahme zugewendet. Bei der letzten Versammlung in Dresden (1865) fanden sogar abgesonderte ausführliche Verhandlungen über das Ackerbauschulwesen statt.

Enthusiasten sprachen sich für die Aufnahme des landwirthschaftlichen Unterrichtes bei den Dorfschulen aus; man ließ aber diese Idee, wie schon einmal geschehen, wieder fallen. Dagegen tauchte der Gedanke, daß ein sogenannter **Fortbildungsunterricht nach Schluß des Besuches der Volksschule auf dem Lande** das rechte sei, zum ersten Mal als ein neuer Lichtblick auf. Ohnerachtet dieser Vorschlag mit allgemeinem Beifall aufgenommen wurde, so dauerte es doch wiederum Jahre, bis diese neue Idee irgendwo praktisch in's Leben übergeführt ward."

„Auch in einigen späteren Versammlungen kam man abermals auf unseren Gegenstand zurück, ohne daß wesentliche Fortschritte nachgewiesen, oder noch bessere Vorschläge gemacht worden wären."

Dem lebhaft von der Versammlung in Cleve ausgedrückten Wunsche entsprechend gab ich sodann meine eigenen Ansichten über die vorliegende Frage kund wie folgt:

„Ich setze als selbstverständlich voraus, daß noch ein tüchtiger Bauernstand existire und daß unsere Sorge fernerhin auf dessen Erhaltung und Kräftigung gerichtet sei. Ich setze ferner voraus, daß da, wo es nicht bereits geschehen ist, die Bauerngüter von allen die fortschreitende Cultur hemmenden Servituten befreit werden; ferner daß die noch mehr oder weniger mangelhafte oder selbst weit zurückgebliebene Culturgesetzgebung zeitgemäß verbessert und vervollständigt, daß für andere bedürftige Veranstaltungen, namentlich Bodencreditinstitute für den kleineren Landmann, gesorgt werde."

„Die Grundlage für eine angemessene Bildung der künftigen Generationen der kleineren Landwirthe aber ist, neben der häuslichen und religiösen Bildung, ein zweckmäßig durchgeführter Elementarunterricht. Der Schulunterricht der Dorfjugend sei, abgesehen von dem Religionsunterrichte, auf einfache Kenntnisse der Naturgeschichte und Naturlehre und auf angemessene Formenlehre (praktisches Rechnen ꝛc.) gegründet. Die Söhne des Landmannes sollen die Natur im Allgemeinen kennen und auffassen, namentlich in besonderer Beziehung auf ihren Beruf; sie sollen sich klar werden über die Bedeutung dieses Berufes. Sie sollen an ein vernünftiges, praktisches und selbst speculatives (rechnendes) Denken gewöhnt werden. Sie sollen z. B. Begriffe über die Entstehung und Beschaffenheit des Bodens, der Pflanzen (besonders der Kulturpflanzen) und Thiere (Hausthiere) haben; Liebe zu den nützlichen Pflanzen und Thieren werde ihnen eingeprägt; beim Rechnen wähle man praktische Exempel über wirthschaftliche und Haushalts= gegenstände, welche ihnen nicht mehr fremd sind."

„Das stärkste Hinderniß zur Erzielung einer künftigen größeren Befähigung des Bauernstandes liegt jedoch in dem Umstande, daß der Bauernknabe, nachdem er mit 13 oder 14 Jahren (in Oesterreich schon mit 12 Jahren) die Dorfschule verläßt, in der Regel nur sehr wenig, oft gar nicht angehalten wird, seinen kaum etwas gelichteten Verstand weiter auszubilden, ja daß die erworbenen geringen Kenntnisse, obwohl so dringend bedürftig für den künftigen Beruf, zu einem großen Theile in den nun zunächst folgenden Altersjahren wieder verloren gehen, indem diese Knaben blos zu allerlei ihre Gedanken wenig in Anspruch nehmenden Verrichtungen verwendet werden, nebenbei auch nur zu häufig dem Streben nach rohen Lebensgenüssen und der Theilnahme an losen Streichen verfallen."

„Das ist nicht nur Stillstand, sondern Rückgang! Kommen endlich die Jahre, wo das Leben für solche Burschen ernster wird, so reicht das handwerksmäßig vom Vater oder Großvater her Erlernte weit nicht aus, und es ist zu spät das früher Versäumte nachzuholen."

„Im großen Maßstabe ist den hier gerügten Uebelständen nur abzuhelfen durch die Einführung eines zweckmäßigen Fort= bildungsunterrichtes, an welchem die Bauernknaben, nachdem sie die Dorfschule hinter sich haben, durch 3 bis 4 Jahre Theil nehmen müssen. Natur= und Formenlehre müssen auch in der Fortbildungsschule die Grundlage bilden; es kann aber in der Fortbildungsschule nun auch auf die Fachbildung für den künftigen Beruf allmälig näher eingegangen werden."

„Ich glaube mich nicht zu täuschen, wenn ich annehme, daß meine so eben geäußerten Ansichten über das dringende Bedürfniß eines an die Volksschule sich anschließenden Fortbildungsunterrichtes im allgemeinen genommen hier von keiner Seite einen Widerspruch gefunden haben; es handelt sich nur um die Mittel zur Ein= und Durchführung, worüber gründliche und wohl vorbereitete weitere Ver= handlungen zu pflegen wären. Ich halte dies für eine wahrhaft würdige Aufgabe für diese Versammlung, denn Alles, was wir zur Bildung und Steigerung der Intelligenz des landwirthschaftlichen Mittelstandes des Bauernstandes, beitragen, ist geeignet den nationalen Wohlstand, die fernere Blüthe unseres geliebten Vaterlandes zu mehren."

Ich war sodann verpflichtet, mich speziell der im Programme mit der Hauptfrage in Verbindung gebrachten weiteren Frage zuzuwenden, ob und in wie weit niedere Fachschulen, die so benannten Ackerbauschulen, dem Bedürfnisse besserer Bildung des Nachwuchses des Bauernstandes zu entsprechen geeignet seien? Bei vollkommenster Anerkenntniß des großen Werthes gut organisirter, den Verhältnissen des Landstriches entsprechender Ackerbauschulen, und unter Anerkenntniß ihres nicht zu unterschätzenden Einflusses auf den Bauernstand der Umgegend, mußte ich jedoch darauf aufmerksam machen, daß es undenkbar sei, die Ackerbauschulen so weit zu vermehren, daß auch nur die Mehrzahl der Bauernsöhne eines Landes eine solche besuchen könne, selbst wenn, was übrigens in der Regel nicht der Fall sein würde, die Väter in der Lage und auch gewillt wären, ihre Söhne auf die Ackerbauschule zu schicken.

Bei der weiteren Discussion, welche sich sowohl der Hauptfrage wie der Nebenfrage über die Ackerbauschulen bemächtigte, wurden noch viele, gewichtige, in der Hauptsache meine Ansichten unterstützende Worte gesprochen *). Namentlich wurde die durch verbesserten Volksschulunterricht und durch daran sich reihenden Fortbildungsunterricht zu erzielende bessere Bildung des Menschen in erste Linie, der in der Fortbildungsschule mit Vorsicht aufzunehmende Fachunterricht erst in zweite Linie gesetzt; es wurde darauf aufmerksam gemacht, daß die Lehrerbildungsanstalten vor Allem dem Zwecke angemessen eingerichtet, daß zuerst Normal-Fortbildungsschulen ins Leben gerufen werden müßten; ferner wurde bemerkt, daß das Abhalten einfacher belehrender Vorträge in Mitte der versammelten Wirthe eines Ortes

---

*) Ich kann mir nicht versagen, hier ein paar Worte aus der Rede eines für den Gegenstand ganz begeisterten alten Holländers, Herrn Suringar, anzuführen: „Meine Herren, begann Hr. S., es sind viele interessante Fragen auf dem Programme, doch die in Rede stehende Frage ist die wichtigste! Die andern Fragen betreffen den Boden, dessen Düngung mit Guano ꝛc., das Wohl der Thiere u. s. w. Die fünfte Frage aber beschäftigt sich mit dem Menschen, der mehr ist als Thiere und Guano! Der Boden kann bereichert werden und der Mensch dabei doch arm bleiben!"

von besonderem Nutzen sein und dieselben aufklären würde über das, was Noth thue! Auch wurde aus mehreren Ländern geltend gemacht, daß der Bauer bereits dem Fortschritte sich zugewendet habe, daß vermögende Landleute ihre Söhne nach der Confirmation auf Mittelschulen schickten, daß Schriften, Vereine, einzelne hervorragende Männer, schon Vieles gewirkt hätten.

Am Ende wurde beschlossen, daß die Frage über die Mittel zur besseren Bildung des Bauernstands auch den künftigen Wanderversammlungen empfohlen werde, daß aber auch zugleich dazu aufgefordert werde, nähere Mittheilungen kund zu geben, was unterdeß in der Erstrebung des Zieles weiter geschehen sei.

Ich habe mir einen vielleicht zu weit gehenden Auszug aus den Verhandlungen zu Cleve erlaubt aus dem Grunde, weil damit die geschichtliche und wie ich glaube auch belehrende Entwicklung unserer Frage gegeben ist, und eben so der Antheil, welchen ich von jeher daran genommen, die Ansichten, welche ich darüber gehabt habe, und im Wesentlichen noch habe. Zugleich bilden die Verhandlungen zu Cleve den Wendepunkt, daß man von da an weniger den Berathschlagungen und mehr der That sich zuzuwenden begann. Freilich waren es anfänglich erst einzelne schwache Versuche an einzelnen Orten; allein man begann doch damit vor etwa einem Jahrzehend; die Lösung der Frage war zu einer gewissen Reife gelangt, wie ich bald weiter darthun werde.

Allerdings war es nicht in Oesterreich, wo man zuerst in bestimmter Richtung zu einem sicheren Ziele weiter vorschritt. Wir sind vielmehr, leider muß ich es bekennen, in der Lösung unserer Frage gegen andere Länder weit zurückgeblieben; zugeben muß ich aber auch, daß eine durchgreifende Lösung jener Frage nirgends so schwer ist, als bei uns! Daher erklärt es sich, daß so manche Stimme, welche sich erhob, ohne wesentliche Erfolge wieder verhallte. Auch meine bei mehr als einem Anlasse für die Sache von Neuem erhobene Stimme hatte scheinbar nicht den Erfolg, den ich für wünschenswerth hielt*). Aber ich weiß

---

*) Ich erlaube mir u. a. auf eine Abhandlung aufmerksam zu machen, welche ich im Jahre 1863 in der „österreichischen Revue, 3. B." veröffentlichte unter der Ueberschrift: „Erforderniß und Mittel zur Hebung der landwirthschaftlichen Intelligenz in Oesterreich."

es aus einem hinter mir liegenden erfahrungsreichen Leben, daß man seine sicher gewonnenen Ueberzeugungen nicht nur beharrlich festhalten, sondern auch nicht ermüden soll, das zu erstrebende, aber im Augenblicke noch zu wenig beachtete Gute immer wieder von Neuem geltend zu machen, und daß für jede wichtige und unumstößliche Wahrheit der Zeitpunkt der Geltung eintreten muß!

Unter Hinweis auf das Vorgetragene schreite ich nun dazu, diejenigen Mittel übersichtlich zusammen zu stellen und noch näher zu beleuchten, welche zur Förderung und Erreichung unseres Zweckes, „bessere Berufsbildung und Weckung und Hebung der Intelligenz der kleineren Grundbesitzer," als dienlich zu erachten sind:

I. Vervollkommnung des Volksschulwesens.

II. Allgemeiner Fortbildungsunterricht für die Bauernknaben und Jünglinge, nachdem sie die Volksschule verlassen haben, sei es ohne oder in Verbindung mit einem angemessenen Fachunterrichte.

III. Landwirthschaftliche Wanderlehrer, welche populäre, belehrende und anregende Vorträge (sog. „Feldpredigten") für Alt und Jung halten, woran sich Besprechungen reihen.

IV. Sogenannte Bauern- oder Ortsvereine, am Rhein „landw. Casino" oder „landw. Kränzchen," in Würtemberg „landw. Abendversammlungen" genannt, d. h. zeitweilige Besprechungen in den Gemeinden, unter Leitung eines fachkundigen Vertrauensmannes, über die wichtigeren landwirthschaftlichen Angelegenheiten des Ortes.

V. Verbreitung belehrender für den Bauernstand verständlicher Schriften; Gründung von Vereins- oder Gemeindebibliotheken.

VI. Besondere landwirthschaftliche Fachschulen für Bauernsöhne (Ackerbauschulen).

Nachdem ich schon seit längerer Zeit beabsichtigte, wiederholt auf die Wichtigkeit und Durchführbarkeit dieser einzelnen Punkte für unsere Verhältnisse in weitere Erörterungen einzugehen, habe ich einen mehrmonatlichen Aufenthalt während des diesjährigen Sommers im südwestlichen Deutschland benutzt, aus denjenigen Landstrichen, wo jene Hilfsmittel bereits mehr oder weniger in Anwendung gekommen sind, nähere Erhebungen zu sammeln und über meinen Gegenstand weitere Studien zu machen. Die damit gewonnenen Resultate scheinen für ein weiteres Vorgehen bei uns so erheblich und belehrend, daß ich hier zunächst eine Aufzählung derselben folgen lasse. Meine Erhebungen beziehen sich namentlich auf Württemberg, Rheinpreußen, Hessendarmstadt und Baiern.

Erhebungen aus Württemberg.

In dem ohngefähr 360 Quadratmeilen großen, nahe bei 2 Mill. Einwohner zählenden Württemberg ist seit lange viel geschehen sowohl zur Hebung des Volksschulwesens, wie der Landwirthschaft. Die Volksschulen, begreiflich auch die Bildungsanstalten für Lehrer, sind in einem guten Zustande; viele gute Real- und Gewerbeschulen stehen der Jugend zur Vorbildung für Landwirthschaft, Gewerbe und Handel zu Gebot. Die weltbekannte land- und forstwirthschaftliche Academie zu Hohenheim, mit Acker- und Gartenbauschule und anderen die Landwirthschaft befördernden Einrichtungen, dann drei weitere Landesackerbauschulen in den drei anderen Kreisen des Königreichs haben nach und nach eine größere Zahl tüchtiger Landwirthe aller Klassen erzogen, welche im Lande verbreitet sind; aber auch durch ihr Beispiel, ihre Thätigkeit, ihren Einfluß haben jene Schulen und die damit verbundenen wirthschaftlichen Betriebe sehr viel zur Hebung des Landbaues gewirkt. Eine eigene von der Regierung eingesetzte Behörde (die Centralstelle für die Landwirthschaft), bestehend aus hervorragenden Landwirthen und Technikern, ist berufen, und auch mit Mitteln ausgestattet, die Hebung der Cultur nach allen Richtungen zu fördern. Selbstständige landwirthschaftliche Vereine sind über das ganze Land verbreitet und stehen in beständigem Verkehre mit der Centralstelle. Neben dem bestehen noch besondere Gauvereine und Wanderversammlungen. Die den freien Verkehr mit dem Boden und dessen freie Benutzung hemmenden Fesseln einer früheren Zeit sind beseitigt.

Unter solchen Verhältnissen wird man es sehr begreiflich finden, daß man in Württemberg auch in neuerer Zeit nicht stille stehen geblieben ist, daß man dorten namentlich den weiter aufgetauchten Fragen über die Bildung und Belehrung des Bauernstandes gebührend Rechnung getragen hat. Nachdem mir aus öffentlichen Blättern bereits

Manches darüber bekannt geworden war, zog ich unter Benützung mehrfacher in jenem Lande unterhaltenen früheren Verbindungen weitere Erkundigungen ein. Insbesondere verdanke ich meinem vieljährigen Freunde, Herrn Oberregierungsrath v. Oppel in Stuttgart, Director der k. Centralstelle für die Landwirthschaft, gründliche Auskünfte, deren Hauptinhalt ich in einem Auszuge hier folgen lasse, versehen mit einigen Erläuterungen und Zusätzen von meiner Seite.

„Von der Ansicht ausgehend, schreibt Herr v. Oppel, daß nach den Anforderungen der Zeit und des allgemeinen Fortschrittes das was die Volksschule in ihrer dermaligen Gestalt bietet, nicht mehr ausreicht, vielmehr die „Fortbildungsschule" ein weiteres organisches Glied des Elementarunterrichtes auf dem Lande werden müsse, hat die Centralstelle für die Landwirthschaft in Württemberg schon vor 10 Jahren die ersten Anfänge im landwirthschaftlichen Fortbildungswesen gemacht, ediglich auf dem Wege der Freiwilligkeit, mit thatsächlicher Unterstützung der landwirthschaftlichen Vereine, und man hat nach und nach recht erfreuliche Erfolge erlangt"[1]).

„Mittlerweile griff nun auch das Cultus- und Unterrichtsministerium in den Gang dieser Bestrebungen ein, indem es einen Nachtrag zum Volksschulgesetz von 1836 gab, welcher die Einführung von „Winterabendschulen" als Fortsetzung der Volksschule für die aus letzterer getretenen jungen Leute regelt in der Art, daß zwar für die Gemeinden kein Zwang zur Errichtung solcher Winterabendschulen eintritt, daß aber, soferne sich die Gemeinde dazu entschließt, der Besuch der Schule für die betreffenden Jünglinge obligatorisch wird"[2]).

---

[1]) Bis zum Jahre 1859 war die Zahl der freiwilligen landwirth. Fortbildungsschulen in Württemberg schon auf 180 gestiegen; außerdem existirten über 100 Gemeindebibliotheken mit Lesevereinen. P.

[2]) Jener vom 6. November 1858 datirte Nachtrag (Revision) zum Volksschulgesetz enthält noch andere wichtige Bestimmungen, z. B. daß die Schulpflichtigkeit überhaupt mit dem 7. Jahre beginnt und mit dem 14. Jahre endigt; daß die Zahl der Lehrer nach der Zahl der Kinder zu reguliren sei; daß die Gehalte der Lehrer nach Maßgabe der Größe der Gemeinden zu fixiren sind, mindestens 300 fl. (neben freier Wohnung) für wirkliche Lehrer in kleineren, bis 450 fl. in größeren Gemeinden; Schulgehilfen erhalten 180 fl. und ein geheiztes Zimmer ꝛc. P.

„Auf diese Weise bekamen wir zu den freiwilligen landwirthschaftlichen Fortbildungsschulen der unter dem Ressort des Ministeriums des Innern stehenden Centralstelle auch obligatorische Abendschulen unter dem Ressort des Unterrichtsministeriums. Beide gehen aber häufig in einander über, so daß zu dem obligatorischen Kern, der sich unmittelbar an die von dem Schüler bisher besuchte Volksschule anschließt, ein freiwilliger Annex für landwirthschaftlichen Unterricht dazu kam."

„Dieses getheilte Ressortverhältniß konnte auf die Dauer nicht wohl fortbestehen. Deshalb wurde im allgemeinen Interesse (1865) vereinbart, daß das gesammte Fortbildungswesen an das Ministerium des Cultus und Unterrichts überging, von dem es nun entsprechend organisirt wurde, und zwar so daß der freiwillige Theil (der landwirthschaftliche) durch die Centralstelle, der obligatorische (allgemeine) Theil durch die Schulbehörden besorgt wird. Zu diesem Zwecke sind der landw. Centralstelle zwei Schulräthe (je einer von den beiden Confessionen) beigesellt und in den einzelnen Bezirken sind ebenfalls die geeigneten schultechnischen Organe aufgestellt"[3]).

„Bis jetzt sind nach und nach gegen 600 solcher Unterrichtseinrichtungen in Dorfgemeinden entstanden, theils obligatorischer, theils freiwilliger Art. Es haben sich aber auch mancherlei Schwierigkeiten

---

[3]) Unterm 1. Februar 1866 verfügte das Ministerium für Kirchen- und Schulwesen unter Bezugnahme auf die Volksschulgesetz-Revision vom 6. Nov. 1858 weiter:
a) Gemeinden mit Winterabendschulen, verbunden mit landwirthschaftlichem Unterricht, wird zu Bestreitung der Kosten ein angemessener Staatsbeitrag zugesichert; auch den eigens bestehenden freiwilligen „landwirthschaftlichen Fortbildungsschulen" wird ein solcher Beitrag in Aussicht gestellt.
b) Zu den allgemeinen Winterabendschulen sind die Schüler vom 14. bis 18. Jahre pflichtig.
c) Wenn ein landwirthschaftlicher Unterricht in die obligatorische Winterabendschule aufgenommen wird, so soll derselbe eine populäre vorwiegend praktische Richtung haben.
d) Damit auch dieser landw. Unterricht einem Schullehrer übertragen werden dürfe, muß dieser die dazu erforderlichen Kenntnisse in der Landwirthschaft nachweisen; andern Falls ist ein geeigneter Fachmann dafür zu gewinnen.
e) Als Schulaufseher über den landw. Unterricht ist ein Mitglied des landw. Bezirksvereines zu ernennen. Die Oberaufsicht

ergeben, und solche sind noch lange nicht überwunden. Sie bestehen theils in den Vorurtheilen der Eltern, theils im Widerwillen der Jungen, oder im fiskalischen Geiste der Gemeindebehörden; besonders aber im Mangel an Lehrkräften, der jedes weitere Vorgehen unmöglich macht."

„Um diesem Mangel nach und nach zu begegnen, wurden besondere landwirthschaftliche Lehrcurse für Schullehrer in Hohenheim und an der Ackerbauschule in Ochsenhausen eingerichtet; in Stuttgart wurden kurze Lehrcurse für Volksschullehrer in der Physik und Ackerbauchemie gegründet; auch an mehreren anderen Orten, wo sich eine geeignete Lehrkraft findet und zugleich eine Theilnahme zu erwarten ist, werden periodische kürzere Unterrichtscurse in der Landwirthschaft für Schullehrer zu Stand gebracht" *).

„Daneben trachtet man da, wo Fortbildungsanstalten bestehen, zugleich Dorfbibliotheken zu gründen. Zuweilen bilden sich auch an solchen Orten, wo die geeigneten Elemente zur Gründung einer Fortbildungsschule fehlen, besondere Lesevereine. Die Centralstelle hat zu

---

über den landwirthschaftlichen Theil des Unterrichts führt die Centralstelle für die Landwirthschaft.

†) Regelmäßige Abendversammlungen der Dorfbewohner behufs landw. Belehrung, sowie landw. Lesevereine können ebenfalls eine Staatsunterstützung beanspruchen.   P.

*) Das Angeführte ist gewiß höchst anerkennenswerth und hat wesentlich dazu mitgewirkt, daß der läubliche Fortbildungsunterricht in Württemberg in wenig Jahren bedeutende Fortschritte machte. Es ist jedoch, wie ich weiterhin nachweisen werde, in den letzten Jahren ein Stillstand eingetreten in der Vermehrung der Fortbildungsschulen, welche zugleich den landw. Unterricht aufnehmen; ja gar manche Schule mußte wieder aufgegeben werden, weil es nach Abgang des bisherigen Lehrers an einem geeigneten Ersatze mangelte. — Demohnerachtet hat man bis jetzt sich gesträubt, den landw. Unterricht in den Lehrplan der württembergischen Schullehrerseminarien aufzunehmen; blos Obst- und Gartenbau und Bienenzucht sind in jenem Lehrplane berücksichtigt. — Und doch bieten mehrere benachbarte Schweizer-Cantone ein überzeugendes und höchst beachtenswerthes Beispiel: Man hat dorten (namentlich zu Wettingen im Aargau und zu Kreuzlingen im Thurgau) die Schullehrerseminarien auf's Land verlegt und mit Ackerbauschulen, oder wenigstens mit einem landw. Betrieb verbunden, und zwar mit sehr günstigem Erfolge.   P.

diesem Zwecke besondere Kataloge verfaßt und veröffentlicht, und theilt auch viele geeignet erachtete Schriften unentgeltlich aus" ³).

„Uebrigens bleibt die Aufgabe, den Fortbildungsunterricht auf dem Lande immer allgemeiner zu verbreiten, ein Werk der Allmähligkeit und des Friedens, und es werden weitere Jahrzehnte herumgehen, bis die bäuerliche Fortbildung ein mehr allgemeines Ziel erreicht haben wird. Mit den gewerblichen Fortbildungsanstalten ist es allerdings rascher gegangen, denn diese sind auf die Städte angewiesen, wo Lehrkräfte, geeignete Localitäten und parate Mittel weit ausgiebiger vorhanden sind, und auch die Betheiligten größere Empfänglichkeit zeigen, als man dies auf dem Lande erwarten kann."

„In letzter Zeit waren der Centralstelle für das landwirthschaftliche Fortbildungswesen insbesondere 4000 fl. jährlich bewilligt; für die Folge sind 8000 fl. erigirt. Außerdem haben auch die Oberschulbehörden ihre Fonds, welche zum gleichen Zwecke verwendet werden. Selbstverständlich bringen endlich auch die landwirthschaftlichen Vereine der Sache mehr oder weniger beträchtliche Opfer."

Wie ich schon oben in der Note 1 (S. 11) bemerkte, so existirten bis Ende 1859 in Württemberg bereits 180 freiwillige landwirthschaftliche Fortbildungsschulen; von da an trat die Bestimmung des bereits angeführten revidirten Volksschulgesetzes in Betreff des Fortbildungsunterrichts (Winterabendschulen) in Wirksamkeit.

Bis zum Jahre 1863 bestanden bereits:
obligatorische Winterabendschulen mit landwirthschaftlichem
Unterricht 243
und freiwillige landwirthschaftliche Fortbildungsschulen 224

Summa . 467

Von 1864 bis 1866 zeigte sich keine bemerkbare Steigerung, jedoch war die Zahl der obligatorischen Winterabendschulen auf 305 gestiegen; dagegen war die Zahl der freiwilligen landwirthschaftlichen Fortbildungsschulen um beinahe 100 gesunken.

---

³) Ich werde weiterhin mehrere der sowohl in Württemberg wie in einigen anderen Ländern empfohlenen populären landwirthschaftlichen Schriften besonders namhaft machen. P.

Die Gesammtzahl der Schüler in jenen Fortbildungsschulen, welche 1866 in 430 Gemeinden bestanden, war 12040. Auf eine Schule kamen also durchschnittlich 28 Schüler.

Abendversammlungen zur landwirthschaftlichen Belehrung bestanden 1863 in 82 Gemeinden, und landwirthschaftliche Lesevereine in 32 Gemeinden.

Der periodisch wiederkehrende Unterricht über einzelne wirthschaftliche Zweige, sowie der Wanderunterricht durch erfahrene Landwirthe zur Belehrung und Aneiferung der älteren Dorfbewohner sind in Württemberg schon seit lange als ein wichtiges Hilfsmittel zur Verbreitung besserer landwirthschaftlicher Kenntnisse erkannt worden. Namentlich bestand schon vor vielen Jahren in Hohenheim die Einrichtung, daß jährlich Curse über Obstbaumzucht, Wiesenbau, Flachsbereitung ꝛc. abgehalten wurden. Wanderlehrer traten an verschiedenen Orten auf und hielten über Bienenzucht, Weinbau, Schafzucht ꝛc. belehrende Vorträge. Neuerer Zeit hat man aber mehrere Wanderlehrer eigens angestellt und in Thätigkeit gesetzt. Der hierzu vorzugsweise bestimmte landwirthschaftliche Inspector **Fritz** hielt im Jahre 1865/66 in 11 Oberamtsbezirken landwirthschaftliche Wandervorträge, Rentamtmann **Kühner** in 5 Oberamtsbezirken, und zwar verbreiteten sich diese sämmtlichen Wandervorträge über 50 Gemeinden. Weinbau-Wanderlehrer **Single** hielt in 11 Weinbauorten über Weinbau, Institutsgärtner **Konzelmann** in mehreren Gemeinden über Obstbau Vorträge.

Erhebungen aus Rheinpreußen.

Die nachstehenden Notizen verdanke ich mehreren werthen Freunden in der preußischen Rheinprovinz, insbesondere dem General-Secretär des rheinpreußischen landwirthschaftlichen Vereins, Herrn **Thilmany**, und der von ihm redigirten Vereinszeitschrift.

Es war zu erwarten, daß der über ganz Rheinpreußen in vielen Localabtheilungen verbreitete, aus mehr als 15000 Mitgliedern bestehende landwirthschaftliche Verein, welcher für den zeitgemäßen landwirthschaftlichen Fortschritt längst seine Fahne hoch getragen hat, auch der in der gegenwärtigen Schrift verhandelten Frage seine Aufmerksamkeit zuwendete; auch die bereits ausführlich erwähnten Verhandlungen zu **Cleve** im Jahre 1855 dürften weiter anregend dort gewirkt haben. Man faßte ziemlich gleichzeitig sowohl den **Fortbildungs-** wie den **Wanderunterricht** in's Auge, ohne in der den Ackerbauschulen schon vorlängst gewidmeten Aufmerksamkeit nachzulassen. Auch die sogenannten **landwirthschaftlichen Casino** (dem Fortschritt gewidmete Ortsversammlungen und Besprechungen) wurden in den Bereich jener Bestrebungen gezogen.

Die thatsächlichen Anfänge fallen in das Jahr 1859, wo Dr. Grouven den ersten Versuch machte, in St. Vith und Montjoie belehrende agriculturchemische Vorträge zu halten, welche Beifall fanden. Bald nachher beschlossen die dortigen Localabtheilungen des Vereins, mit der Gründung einiger landwirthschaftlichen Fortbildungsschulen zu beginnen, und diese ersten Beispiele fanden wieder Nachahmung.

Aus den Verhandlungen des Vereines und seiner Localabtheilungen ergibt sich, daß man schon im Jahre 1860 darüber im Klaren war, daß, bei aller Anerkenntniß der Nützlichkeit der Ackerbauschulen, deren in der ganzen Provinz bereits vier bestanden (in ganz Preußen ohngefähr 20), mit diesen Schulen ohne eine sehr weit gehende Vermehrung derselben größere Erfolge nicht zu erreichen seien, daß aber einer so großen Vermehrung der Ackerbauschulen Hindernisse im Wege stünden, die man nicht zu beseitigen im Stande gewesen wäre. Zugleich anerkannte man, daß ein an die Volksschule sich anschließender Fortbildungsunterricht ein ausgiebigeres Mittel zur besseren Vorbildung der heranwachsenden ländlichen Jugend werden könne und daß man dieses Ziel ausdauernd verfolgen und erstreben müsse. Es zeigte sich aber zugleich, daß das erste Erforderniß: genügende naturkundige und landwirthschaftliche Kenntnisse, bei der Mehrzahl der Volksschullehrer nicht vorhanden sei und daß es auch an Mitteln mangle, um die für den Fortbildungsunterricht zu verwendenden Lehrer angemessen zu bezahlen, indem die Gemeinden in der Regel noch nicht zur Erkenntniß über die Nützlichkeit des Fortbildungsunterrichtes gekommen waren, um sich zu der Uebernahme der dazu erforderlichen geringen Kosten zu verstehen.

Als erste Abhilfe des Mangels an geeigneten Lehrern veranstaltete man bei der Localabtheilung zu **Crefeld** einen Vorbereitungscurs, dem auch 90 Lehrer anwohnten; der Erfolg erwies sich jedoch als nicht zureichend. Später wurden auch vierhundert Thaler zu Prämien für Lehrer ausgesetzt, welche sich beim freiwilligen Fortbildungsunterricht verdient machen würden.

Man erkannte ferner den Mangel eines populären landwirthschaftlichen Lesebuchs und setzte 300 Thaler Prämie für ein solches den zu machenden Anforderungen entsprechendes Buch aus. Der Preis konnte jedoch, weil die Concurrenzschriften ungenügend erschienen, nicht zuerkannt werden.

Um dem Bedürfnisse für die Zukunft ausgiebiger zu entsprechen, wendete sich der Verein schon im Jahre 1860 an die Regierung und machte in seiner Eingabe das Erforderniß und die Wichtigkeit des ländlichen Fortbildungsunterrichtes, so wie als Hauptmittel, dessen allmähliche Einführung möglich zu machen, geltend, daß die Lehramtszöglinge an den Seminarien zur Uebernahme jenes Fortbildungsunterrichtes vorzubereiten seien und daß zu dem Ende der Lehrplan der Schullehrerseminarien reformirt werden möge. Wobei man sich übrigens ausdrücklich dahin erklärte, daß man die Aufnahme eines landwirthschaftlichen Unterrichtes in die Elementarschulen selbst durchaus nicht beabsichtige.

Die preußische Regierung lehnte jedoch die gestellten Anträge ab. Der Verein unterließ nicht, die Bedenken der Regierung zu widerlegen und erneute Anträge zu stellen, und betrieb diese Angelegenheit seitdem unverdrossen, ohne bis jetzt sein Ziel zu erreichen. Inzwischen schenkte die Regierung den Bestrebungen des Provinzialvereins wenigstens manche Theilnahme, indem sie den Lehrern empfahl, an den belehrenden Vorträgen der unterdessen in Thätigkeit getretenen landwirthschaftlichen Wanderlehrer, und an dem freiwilligen Fortbildungsunterrichte sich zu betheiligen; auch bewilligte sie einige Unterstützungen für die Wanderlehrer und zur Belohnung von Lehrern, welche an den wenigen ins Leben getretenen Fortbildungsschulen mit Erfolg thätig waren.

Neuerdings scheint es, daß die Aufmerksamkeit der Regierung dem Gegenstande in noch mehr entsprechender Richtung zugewendet wurde, denn laut Verfügung vom 30. April d. J. soll (vorerst versuchsweise bei einem der Schullehrerseminare in der Provinz Ostpreußen) der naturkundliche Unterricht ausgedehnt und ein landwirthschaftlicher Unterricht in den Lehrplan aufgenommen werden, um Lehrer für die zukünftig zu begründenden landwirthschaftlichen Fortbildungsschulen zu gewinnen. Hiernach ist wohl anzunehmen, daß die diesfalls in der Rheinprovinz seit 7 Jahren immer lebhafter geltend gemachten Wünsche auch noch erfüllt werden.

Neben diesen Bestrebungen zur Gewinnung von Lehrern für den Fortbildungsunterricht war man in Rheinpreußen seit 1860 bemüht, da wo sich Lehrer und Geneigtheit einzelner Gemeinden zusammenfanden, einzelne freiwillige Fortbildungsschulen in's Leben zu rufen. Durch die Wanderlehrer wurde besonders für dieses Ziel gewirkt. Im Jahre 1866 bestanden bereits 84 ländliche Fortbildungsschulen in der Provinz, was wohl schon etwas, aber doch auch noch nicht viel ist, wenn man erwägt, daß dieselbe über 4000 Ortschaften und mehr als 3 Millionen Einwohner zählt, von denen die größere Hälfte dem Landbau anheimfällt. In ähnlicher Weise verhält es sich mit den vom Vereine auf 500 Thaler jährlich erhöhten Prämien oder Gratificationen für die an den Fortbildungsschulen sich auszeichnenden Lehrer.

Bis jetzt hat man auch noch keine festen Lehrpläne (Programme) für diese Schulen. In der Regel sind im Winterhalbjahre wöchentlich 4 bis 6 Abendstunden dem Fortbildungsunterrichte gewidmet, der in vorwiegend populärer, den Localverhältnissen angepaßter Richtung ertheilt wird. — Man gestattet auch, daß die im 13. oder 14. Jahre stehenden Schüler der Volksschule an dem Fortbildungsunterrichte Theil nehmen, und an manchen Orten bildeten diese die Mehrzahl*). Die Gesammtzahl der Hörer in den 84 Fortbildungsschulen war ohngefähr 2000. — Die Vereinszeitschrift enthält mehrere günstig lautende Berichte über die Prüfungen, welche in einzelnen Schulen vorgenommen worden waren. Diese Fortbildungsschulen werden aber erst Erkleckliches leisten, wenn mehr tüchtige Lehrer zu Gebote stehen, diese angemessen entlohnt werden, feste Schulpläne gewonnen sind und die Zahl der Schulen größer ist.

Ich führe im Auszuge noch einige Stellen an aus einer Veröffentlichung der Vereinsdirection über die Fortbildungsschulen, im Maihefte der Vereinszeitschrift von 1867.

---

*) Ich Kreise Malmedy waren 1861 schon 21 Fortbildungsschulen mit circa 500 Schülern, von denen 200 noch schulpflichtig, 300 aber über 14 Jahre alt waren.

„Im Allgemeinen haben die Lehrer an den Fortbildungsschulen in der Wahl des Unterrichtsstoffes und dessen Behandlung an das Bedürfniß ihrer Gemeinde und den Bildungsstandpunkt ihrer Schüler sich gehalten. Die wirthschaftlichen Fehler, welche sie für die schlimmsten erkannten, haben sie besonders in's Auge gefaßt, z. B. Vernachlässigung der Jauche, unrichtige Behandlung des Düngers, schlechte Ernährung der Thiere, mangelhaften Futterbau. Viele Lehrer lehrten den Obstbau zugleich praktisch, andere behandelten den Flachsbau, den Hopfenbau speciell."

„Die Erfolge waren größer und sichtbarer, wo die Lehrer die gleichen Themata auch in einem zu Stand gekommenen landwirthschaftlichen Casino zur Besprechung bringen konnten."

„Sind unsere Erfolge auch noch nicht glänzend, so zeigen sie doch, daß das vom Vereine ergriffene Aufklärungssystem der kleineren Grundbesitzer das richtige ist. — Der Verein wird darum an diesem Aufklärungssysteme festhalten. Er hofft dadurch zu erlangen, was ihm in früherer mehr als dreißigjähriger Arbeit nicht gelingen wollte, nämlich einen wirklichen Einfluß auf die große Zahl der Kleinackerer und deren Praxis zu gewinnen, zu denen sich der Verein gleichsam in's Haus begibt, während sie nicht zu ihm kommen wollen."

„Auch haben bereits einzelne Kreisstände dem landwirthschaftlichen Fortbildungsunterrichte ihre besondere Theilnahme zugewendet. — So haben sämmtliche Landgemeinden des Kreises Kreuznach denjenigen Lehrern, welche sich mit Wärme dem landwirthschaftlichen Fortbildungsunterrichte hingeben, nicht nur Licht und Holz gestellt, sondern dem Lehrer auch ein kleines Honorar bestimmt u. s. w." *).

Es ist bereits angeführt worden, daß gleichzeitig mit der Thätigkeit für den Fortbildungsunterricht auch das Institut der landwirthschaftlichen Wanderlehrer in der Rheinprovinz in Angriff genommen wurde, und daß man dabei besonders darauf Gewicht legte, daß sich die Volksschullehrer daran lebhaft betheiligten, um sich für die Uebernahme des Fortbildungsunterrichtes einigermaßen vorzubereiten. —

---

*) Die angezogene Publikation des Vereins berührt sodann auf's neue die dringende Nothwendigkeit, daß seinen des Oefteren wiederholten Vorstellungen um zeitgemäße Einrichtungen an den Lehrerbildungsanstalten zum Zwecke des Fortbildungsunterrichtes endlich Folge gegeben werde.

Im Jahre 1860 trat Dr. Grouven zuerst als Wanderlehrer im Kreise Malmedy auf. Bald nachher wurde der Wanderlehrer Gsell eigens angestellt und wirkte eine Reihe von Jahren mit allgemein anerkanntem Erfolge; 1865 wurde er durch den Wanderlehrer Schwürtz ersetzt. — Seit dem Jahre 1863 war in einem anderen (dem südlichen) Theile der Provinz Dr. Schneider aus Worms, welcher jährlich für je 3 Monate (April, Mai, Juni) gewonnen wurde, thätig und seine Leistungen wurden immer mehr anerkannt. — Neuester Zeit stellte man den Dr. Fürstenberg als dritten Wanderlehrer an.

Um die Richtung, welche bei diesem Wanderunterrichte verfolgt wird, und die dabei bis jetzt erzielten Resultate noch etwas näher zu schildern, theile ich einige Auszüge aus den in der That sehr interessanten Berichten mit, welche Dr. Schneider über seine Wanderlehrerthätigkeit, insbesondere über erlangte Erfolge in den Jahren 1863, 1864 und 1865 erstattet hat.

Der Wanderlehrer suchte sich vor Allem durch Excursionen in Gesellschaft von localkundigen Männern über die landwirthschaftlichen Verhältnisse des Ortes und der Umgegend gründlich zu belehren, und hielt dann seine mit Besprechungen verbundenen Vorträge für die Landleute, die sich dazu einfanden. Diese Vorträge und Verhandlungen erstrecken sich auf die Zustände und deren Verbesserung im Allgemeinen und auf die der Verbesserung zu unterziehenden Einzelheiten.

Dr. Schneider referirte z. B. über mehrere Orte, woselbst er im vorigen Jahre Vorträge gehalten, wie folgt: „Die Gassen der Ortsstraßen waren nicht mehr wie früher mit Pfuhl (Jauche) gefüllt; in vielen Höfen wurde das Dungwasser gesammelt, der Mist war besser gelagert und begossen; die Kompostbereitung hat Fortschritte gemacht; eben so der Wiesenbau; in mehreren Orten ist die Bildung von Genossenschaften, namentlich für Drainirung, im Gange; der Futterbau hat zugenommen; die Leute haben erkannt, daß es besser ist weniger Vieh zu halten, es aber besser zu nähren 2c."

„In Betracht der engen Beziehung, in welche der Lehrer zur ländlichen Bevölkerung steht, und in Betracht der Wichtigkeit die Landwirthschaft zu heben, hat sich eine Anzahl von Volksschullehrern durch die Wandervorträge angeregt gefühlt, durch eine mehr praktische Richtung des Unterrichts die Zwecke des landwirthschaftlichen Vereins zu fördern.

— Auch sind im abgelaufenen Jahre mehrere landwirthschaftliche Ortscasino entstanden, die sich im Sommer alle 4 Wochen, im Winter wöchentlich einmal versammeln."

„Es war für mich erfreulich, bemerkt Dr. Schneider an einer anderen Stelle, fast täglich Versammlungen zu begrüßen, die nach hunderten zählten und zugleich durch Aufmerksamkeit und eingehende Besprechung wichtiger Localfragen eine rühmliche Thätigkeit an den Tag legten ꝛc."

Aber nicht nur der Wanderlehrer selbst, welcher vielleicht mit zu günstigem Urtheile seine Wahrnehmungen über erlangte Erfolge begleitet, sondern eine große Zahl praktischer Männer und Vereinsmitglieder, und namentlich auch das eigens eingesetzte Curatorium des Vereins für den Wanderunterricht, sprechen sich im Großen und Ganzen höchst günstig über die durch die Wanderlehrer erzielten Erfolge aus. Man ist von dem Nutzen der Wanderlehrer so durchdrungen, daß die 3 bereits angenommenen Lehrer*) den Anforderungen der Localabtheilungen nicht mehr genügen können. Der Kreis Mayen, Reg. Bez. Coblenz, hat deshalb einen eigenen Wanderlehrer angestellt, und die Kreise Adenau und Ahrweiler haben einen solchen gemeinschaftlich angenommen. Die Bezahlung erfolgt aus Kreismitteln.

Gleich günstig wird sich über die in's Leben gerufenen Dorfcasino ausgesprochen, deren im Vorstehenden bereits schon mehrfach Erwähnung geschah. Im Jahre 1866 bestanden deren in der Rheinprovinz bereits 98. Sie wurden besonders auch durch die Wandervorträge in's Leben gerufen und sichern die Erfolge, welche man durch die Wanderlehrer zu erreichen beabsichtigt, in wesentlichem Grade. Diese Ortsvereine (Casino's) haben auch schon häufig Fortbildungsschulen ins Leben gerufen und wirken für deren Gedeihen so entschieden, daß zu wünschen bleibt, daß keines ohne das andere existire. Wo bereits beide an ein und demselben Orte bestehen, ist der den Fortbildungsunterricht besorgende Lehrer gewöhnlich auch Leiter der landwirthschaftlichen Verhandlungen im Casino.

„Wo gute Leiter für die Ortscasino gefunden werden, sagt ein Correspondent der Zeitschrift, leisten sie, was man erwarten

---

*) Der Centralverein besoldet einen Hauptwanderlehrer mit 600 Thaler jährlich; außerdem erhält er von der Localabtheilung, in welcher er thätig ist, monatlich 30 Thaler Reisentschädigung.

kann. Sie regen an, decken Fehler im örtlichen Betriebe auf und verschaffen dem Bessern Eingang. Selbst die Resultate der Wissenschaft führen sie bruchstückweise in die Praxis über." Ferner thun sie sich hervor durch gemeinschaftlichen Bezug von Düngmitteln, Samen, Vieh, Geräthen und Maschinen; es sind auch schon Zuchtvereine, Handelsgewächse-Culturvereine, Creditvereine, Versicherungsvereine aus denselben hervorgegangen.

Erhebungen aus dem Großherzogthum Hessen.

Die Aufmerksamkeit des in diesem Lande zahlreichen landwirthschaftlichen Mittelstandes hat sich schon seit länger als 30 Jahren dem landwirthschaftlichen Unterrichte zugewendet. Gegenwärtig bestehen folgende ausschließlich landwirthschaftliche Unterrichtsanstalten in dem kleinen circa 150 Quadratmeilen großen Lande:

1. die landwirthschaftliche Lehranstalt des Dr. Schneider in Worms mit etwa 60 Schülern;
2. die Ackerbauschule des Dr. Henkelmann in Friedberg mit circa 30 Schülern.

Beide Anstalten haben blos Wintercurse und sind derart eingerichtet, daß der Zögling in zwei Wintercursen sämmtliche Vorlesungen hören kann. Ihr Lehrplan, besonders jener der Wormser Schule, entspricht mehr dem Programme einer höhern, als niedern landwirthschaftlichen Schule; jedoch sind dabei die obwaltenden Verhältnisse und Bedürfnisse des dortigen landwirthschaftlichen Mittelstandes wesentlich berücksichtigt *).

3. Die Ackerbauschule zu Michelstadt in Verbindung mit der dortigen Realschule, ebenfalls nur Wintercurs; zählte neuerer Zeit blos 6 Schüler.

---

*) Dies gilt namentlich von der Einrichtung blos Wintercurse zu haben; im Sommer sind die jungen Leute zu Hause oder bei Andern in der Praxis. — Schon in den Jahren 1831 bis 1839 unterhielt ich eine ähnlich eingerichtete landwirthschaftliche Lehranstalt zu Darmstadt, welche den in Rede stehenden jüngeren Anstalten zum Vorbild gedient haben dürfte.   P.

4. Winterackerbauschule zu Darmstadt für Bauernsöhne; vom landwirthschaftlichen Provinzialverein veranstaltet.

Im vorigen Jahre hat Dr. Schneider in Worms auch eine hauswirthschaftliche Lehranstalt für Töchter von Gutsbesitzern, Pächtern ꝛc. (im Alter von 15 bis 20 Jahren) eröffnet, welche blos über Sommer besteht und zwar in denselben Localitäten für die Wintercurse der Landwirthschafts-Zöglinge. Ich fand bei einem Besuche des Dr. Schneider etwa 20 sehr eifrige Schülerinnen in dieser Anstalt, die meines Wissens die einzige ist, welche dieser Art bis jetzt existirt *).

Ferner wird von den landwirthschaftlichen Vereinen im Großherzogthum Hessen jährlich eine Anzahl junger Leute zum Besuche der Garten- und Obstbauschule zu Reutlingen in Württemberg unterstützt; wie auch von denselben von Zeit zu Zeit besondere praktische Lehrcurse für Wiesenbauer u. dgl. mehr veranstaltet werden.

Ohnerachtet dieser Hilfsmittel, sowie des Bestehens von Realschulen in allen Städten von einiger Bedeutung, kam man auch in diesem Lande immer mehr zur Erkenntniß, daß **für die Bildung des eigentlichen Bauernstandes noch mehr geschehen müsse**. Man wendete sich auch dorten dem Fortbildungsunterrichte zu, welcher übrigens in mehreren Landgemeinden, die sich durch Intelligenz auszeichnen, schon seit Jahren in's Leben gerufen war und auch schon gute Erfolge gehabt hatte.

Erst seit ohngefähr einem Jahre nahm auch einer der Vereine die Sache mit Eifer in die Hand und die Centralstelle dieser Vereine unterstützte jenes Vorgehen auch ihrerseits lebhaft. Man erkannte aber auch hier alsobald, daß, obgleich für gute Ausbildung der Volksschullehrer im Allgemeinen Sorge getragen wird und die Volksschulen auf dem Lande großentheils mit tüchtigen Lehrern besetzt sind, — es für den Fortbildungsunterricht für den bäuerlichen Beruf bei der Mehrzahl der Lehrer doch an genügender Vorbildung in der Naturkunde und in der Landwirthschaft selbst mangele. Es geschahen daher Schritte bei der Regierung, damit sie das Erforderliche vorkehre, zumal da man

---

*) Auch befindet sich in Worms noch die sehr gute wissenschaftliche Bildungsanstalt des Hrn. Chemiker Lehmann für Bierbrauer.

gerade im Begriffe steht, den bisher zweijährigen Lehrerseminarcurs in einen dreijährigen auszudehnen.

Unter den Motiven, welche die Centralstelle bei diesem ihrem Einschreiten geltend gemacht hat, kömmt u. A. folgende Stelle vor: „Wir sehen in dieser Einrichtung (des Schullehrerseminars zum Zwecke der Gewinnung von Lehrern für den Fortbildungsunterricht) ein ungemein wichtiges Hilfsmittel zur Hebung der Wohlfahrt der Landbevölkerung. Durch den Fortbildungsunterricht wird die Verbreitung der Kenntnisse in den naturgesetzlichen Grundlagen des Ackerbaues und damit ein besserer Betrieb desselben nicht nur gefördert, sondern die Stellung des mit der Landwirthschaft sich ernst beschäftigenden Lehrers in der Gemeinde gewinnt auch an Ansehen und Zutrauen, und — worauf wir besonderen Werth legen — der Bauernsohn wird nach Entlassung aus der Elementarschule in der für seine ganze Zukunft entscheidenden Zeit aus seiner meist gedankenlosen Beschäftigung herausgerissen, das Bedürfniß im Streben nach Kenntnissen wird wach gerufen, während er vom Müssiggang mehr abgehalten wird in der Altersstufe, wo es ihm sonst noch so häufig an guter Anleitung und Beaufsichtigung mangelt."

Daneben ist man auch in Hessen noch in anderer Weise vorgegangen, indem man für solche Lehrer Prämien ausgesetzt hat, welche (mit einiger Unterstützung von ihrer Gemeinde) einen freiwilligen Fortbildungsunterricht an die mit 14 Jahren aus der Volksschule entlassenen Bauernsöhne ertheilen und günstige Erfolge nachweisen. Der Betrag einer Prämie ist wenigstens 50 fl. Die näheren Bedingungen sind, daß der Unterricht in wenigstens 4 Abendstunden wöchentlich durch 5 Monate fortgesetzt wird und daß derselbe umfasse: Rechtschreiben, Uebung im Aufsatz; Rechnen mit Beispielen aus der Landwirthschaft, Anfangsgründe der Geometrie; Naturbeschreibung und Naturlehre mit besonderer Beziehung auf die Landwirthschaft. — Die Aufnahme der Landwirthschaft selbst wird für's erste Jahr noch nicht verlangt.

Ferner hat man einen am 1. August d. J. begonnenen sechs- bis achtwöchentlichen Curs in Darmstadt für Lehrer veranstaltet, um sie für den Fortbildungsunterricht vorzubereiten. Für 20 Theil nehmende Lehrer waren von den Vereinen Unterstützungen von je 60 fl. ausgesetzt Die Anmeldungen waren zahlreich.

Mehrere achtbare ältere Volksschullehrer versicherten mich übrigens, daß sie sich wohl im Stande fühlten, den Fortbildungsunterricht zu übernehmen und daß sie auch dessen großen Nutzen einsehen. Aber die meisten Gemeinden würden sich sträuben, etwas zur Honorirung des Lehrers herzugeben; andererseits würden die Dorfjünglinge von 15 bis 17 Jahren ohne einen angemessenen Zwang den Unterricht nicht regelmäßig besuchen.

Mit besonderer Vorliebe hat man sich in einem Theile des Großherzogthums Hessen schon seit Jahren, in einem anderen Theile erst in neuester Zeit, auch auf Einführung des Institutes der landwirthschaftlichen Wanderlehrer eingelassen.

Namentlich hat Dr. Schneider in Worms, der auch Secretär des rheinhessischen landwirthschaftlichen Vereins ist, nebendem daß er die vorhin erwähnten Lehrinstitute leitet, schon vor etwa 12 Jahren Wandervorträge in Rheinhessen begonnen und seitdem fortgesetzt, in der Art daß er durch 4 bis 5 Wintermonate jährlich in einem anderen Canton (Bezirk) an Sonntag-Nachmittagen populäre, belehrende, an die landwirthschaftlichen Localverhältnisse anknüpfende Vorträge hält, welche dann in sogenannte Kränzchen (Casino) übergehen. Er hat nun bereits alle 11 Cantone der Provinz in dieser Weise besucht, und die erreichten Erfolge werden anerkannt, was auch den Anlaß gab, daß Dr. Schneider, wie oben (S. 23) berührt wurde, von dem rheinpreußischen landwirthschaftlichen Vereine für die Jahre 1863, 1864 und 1865 als Wanderlehrer für je 3 Monate aufgenommen wurde. Das Honorar für die Wandervorträge in Rheinhessen tragen der landwirthschaftliche Provinzialverein und die Gemeinden gemeinschaftlich.

In der Provinz Starkenburg (Darmstadt) hat man seit Herbst 1866 einen eigenen Wanderlehrer aus Preußen, Dr. Funk, berufen, der einen Gehalt von 1500 fl. pr. Jahr erhält. Dr. Funk hat die Erfüllung seiner Aufgabe in verschiedenen Kreisen und Orten der Provinz im Herbst 1866 begonnen und bis in den Sommer 1867 fortgesetzt. Er hält in dem betreffenden Stationsorte 8 bis 10 Vorträge, meist 3 in der Woche, und erläutert dieselben auch durch kleine Experimente, zu welchem Ende er einen compendiösen chemischen Apparat, ein Mikroskop und Wandtafeln mit Abbildungen mit sich führt. Er hat häufig 100 bis 150 Zuhörer, nicht nur aus dem Orte, sondern auch aus benachbarten Orten. Von mehreren Seiten hörte ich Urtheile, welche anerkannten, daß diese Vorträge anregend und belehrend seien; von anderer Seite wurde bemerkt, daß für den simplen Bauer die Richtung der Vorträge nicht immer zu einem vollen Verständnisse führe; die Erfahrung wird schon vollends auf den sichersten Weg leiten.

In einem Theile der Provinz Oberhessen hält Dr. Henkelmann in Friedberg (als Vorstand der Ackerbauschule daselbst bereits erwähnt) schon seit mehreren Jahren landwirthschaftliche Wandervorträge und zwar, weil er im Winter keine Zeit hat, im Sommerhalbjahr. Er geht zuvörderst auf 3 bis 4 Tage in die Gemeinde, welche ihn verlangt hat, erhebt unter Führung und Assistenz localkundiger Landwirthe, die bestehenden landwirthschaftlichen Zustände, wozu eigene Formulare zum Ausfüllen entworfen worden sind. Am darauf folgenden Sonntage versammeln sich sodann (Nachmittags und Abends) die Landwirthe, um die Vorträge zu hören, welche der Wanderlehrer in mehreren Abtheilungen unter Zugrundlegung der vorausgegangenen Erhebungen hält, wobei sich an jede Abtheilung freie Besprechungen anreihen, indem bestehende Mängel und Abhilfe für dieselben besonders in's Auge gefaßt werden. Es finden sich öfter 200 und mehr Theilnehmer ein, und ich vernahm sehr günstig lautende Urtheile über den Nutzen dieses Vorgehens. Die Kosten des Wanderlehrers trägt theils der Provinzialverein, theils der betreffende Bezirksverein.

Die Einführung und Fortsetzung des Fortbildungs- und Wanderunterrichtes hat in Hessen so allgemeinen Anklang gefunden, daß die kürzlich versammelten Stände 4000 fl. eigens bewilligt haben, um jene Institutionen weiter zu fördern *).

Auch Ortsvereine zur Belehrung der Ackerbauer und zur Besprechung der öffentlichen landwirthschaftlichen Verhältnisse, in Rheinpreußen Casino, in Hessen landwirthschaftliche Kränzchen genannt, haben im letztgenannten Lande Eingang gefunden, namentlich in Rheinhessen schon seit Jahren, wo sie häufig durch die vorausgegangenen Wandervorträge in's Leben gerufen wurden. Fortgehende Vermehrung dieser

---

*) Bisher erhielt die Centralstelle circa 9000 fl. jährlich aus der Staatskasse zu Verwendungen zur Hebung der Landwirthschaft, wovon der größere Theil den Provinzialvereinen zufällt.

überall, wo sich gute Leiter finden, als nützlich bewährten Einrichtung ist auch in Hessen sicher zu erwarten, namentlich als Ausfluß der fortgesetzten Wandervorträge.

Erhebungen aus Baiern.

Schon seit einem längeren Zeitraume trat ein eifriges Bestreben der baierischen Regierung und der landwirthschaftlichen Intelligenz des Landes zur Hebung der gesammten landwirthschaftlichen Cultur mehrfach zu Tage.

Das Vereinswesen ist über das ganze Königreich verbreitet und gliedert sich aus 248 Bezirkvereinen zu 8 Kreis- (Provinzial-) Vereinen, an deren Spitze je ein Kreis-Comité steht. Endlich besteht für das gesammte landwirthschaftliche Vereinswesen in München ein Central-Comité. Das letztere ist auch mit beträchtlichen Geldmitteln ausgestattet und tritt nach Erforderniß mit Zuschüssen an die Kreisvereine ein; namentlich fließen diese Zuschüsse auch den Locallesevereinen und Ortsvereinen (Localversammlungen, Kränzchen), deren bereits mehrere hundert existiren, der Verbreitung belehrender Schriften, Honorirung von Lehrern, welche sich bei der Fortbildung des Bauernstandes verdient machen, zu. — Auch die Kreisstände gewähren den landwirthschaftlichen Kreis-Comités beträchtliche Unterstützungen, um Secretäre und eigens angestellte landwirthschaftliche Techniker zu besolden, Ackerbauschulen zu unterhalten u. s. w. Endlich bestehen auch noch Wanderversammlungen in mehreren Kreisen oder Bezirken und eine allgemeine Wanderversammlung der baierischen Landwirthe.

Das landwirthschaftliche Unterrichtswesen ist gefördert durch eine höhere Lehranstalt (die Centralschule in Weihenstefan), landwirthschaftliche Abtheilungen an allen Kreisgewerbeschulen und eine Anzahl von Ackerbauschulen. Auch wird an den Schullehrerseminarien Landwirthschaft vorschriftsmäßig vorgetragen, worüber ich jedoch mehrfach Bedauern äußern hörte, daß die die Landwirthschaft dort vortragenden Lehrer in der Regel keine Fachmänner seien.

Das Fortbildungsschulwesen auf dem Lande hat man erst neuester Zeit besonders in's Auge gefaßt. Nachdem das Ministerium für Handel und öffentliche Bauten, worin auch eine Section für die Landescultur besteht, schon in den Jahren 1861, 1864 und 1866 die Kreisregierungen durch besondere Erlässe aufgefordert hatte, anregend auf die Gründung von landwirthschaftlichen Lesevereinen, periodischen Versammlungen zur gegenseitigen Belehrung und Hebung der landwirthschaftlichen Intelligenz ꝛc. zu wirken, und manche erfreuliche Erfolge sich gezeigt hatten, erschien unterm 25. Jänner 1867 ein neuer wichtiger Erlaß jenes Ministeriums über das Fortbildungsschulwesen, woraus ich folgende Stellen aushebe:

„Die wesentlich gesteigerten Anforderungen an den landwirthschaftlichen Betrieb, in jüngster Zeit überdieß die in Baiern eingetretene sogenannte landwirthschaftliche Krisis, erheischen bei der großen Masse der bäuerlichen Bevölkerung eine erhöhte Geistes- und Berufsbildung. — Die bestehenden landwirthschaftlichen Unterrichtsanstalten können allein die vorerwähnte Aufgabe nicht lösen. Sie sind theils zu wenig zahlreich und eine erhebliche Vermehrung derselben ist zu kostspielig. — Auch hat die Erfahrung in Baiern gelehrt, daß der Bauer im Allgemeinen theils wenig geneigt, der weniger Bemittelte auch nicht im Stande ist, seinen arbeitskräftigen Sohn auf eine — oft entfernte — Ackerbauschule zu schicken."

„Das nächstliegende Bildungsbedürfniß für die Jugend der bäuerlichen Bevölkerung besteht nicht in einem eigentlich landwirthschaftlichen Unterrichte, zu dessen vollkommenem Verständnisse es noch an der nöthigen Vorbildung gebricht, sondern in der Befestigung und angemessenen Erweiterung des Elementarunterrichtes mit thunlicher Rücksichtnahme auf das künftige Berufsleben. — Gleichwie weder in den Gewerbeschulen, noch in den gewerblichen Fortbildungsschulen, ein bestimmtes Gewerbe erlernt, sondern nur gestrebt wird, den Elementarunterricht fortzusetzen und zu erweitern, das Denkvermögen zu üben und zu schärfen, und mit steter Beziehung auf den künftigen Beruf blos die wichtigsten Grundlagen für die eigentliche Fachkunde zu lehren, so muß auch der Fortbildungsunterricht für die Landwirthschaft treibende Bevölkerung auf diese Aufgabe beschränkt bleiben."

„Der Erreichung dieses Zweckes durch Zwangsvorschriften stehen erhebliche Bedenken entgegen. — Vorerst soll es sich nur um versuchsweise Einrichtung eines freiwilligen Fortbildungsunterrichtes handeln; gelungene Beispiele, deren in jedem landwirthschaftlichen Vereinsbezirke vorerst wenigstens eines, besser einige, gewünscht werden, werden eine weitere Verbreitung der Ueberzeugung von der Nützlichkeit solcher Lehranstalten begründen."

„Das unterfertigte Ministerium hat vorerst eine Summe von 4000 fl. bestimmt, um jene Bezirksvereine zu unterstützen, welche sich durch ihre Leistungen um Förderung des Unternehmens verdient machen; man gewärtigt auch daß die Districts- und Kreislandräthe (Provinzialstände) geneigt sein werden, nach Erforderniß Zuschüsse zu bewilligen."

„Folgende Punkte werden, im Einverständnisse mit dem Ministerium für Kirchen- und Schulangelegenheiten, und auf Grund der Berathungsergebnisse der Centralversammlung des landwirthschaftlichen Vereins, zur Beachtung besonders empfohlen:"

„1. der landwirthschaftliche Fortbildungsunterricht schließt sich unmittelbar an die Werktagsschule an und soll den Sonn- und Feiertagsunterricht ersetzen. Die Theilnahme ist eine freiwillige; doch sind die Theilnehmer gehalten, dem Unterrichte regelmäßig anzuwohnen."

„2. Der Unterricht besteht in Wiederholung, tieferer Begründung und Erweiterung der Gegenstände der Werktagsschule. Bei den Leseübungen ist ein landwirthschaftliches Lesebuch zu Grund zu legen und zu erläutern. Bei dem Schreiben und Rechnen sind Vorkommnisse des landwirthschaftlichen Verkehrs und Betriebs zu wählen. — Ein leicht faßlicher Unterricht in den für den Landwirth wichtigen Grundsätzen der Naturlehre und Naturgeschichte wird empfohlen."

„3. und 4. Der Unterricht ist mindestens während der Wintermonate an 2 bis 3 Tagen in der Woche in geeigneten Stunden zu ertheilen. Die Theilnahme berechtigt zur Dispensation von der Sonn- und Feiertagsschulpflichtigkeit"*).

„5. und 6. Es ist anzunehmen, daß der größere Theil der Schullehrer qualificirt und bereit sei, den Unterricht in dienstfreier Zeit

---

*) Nach übereinstimmenden mir gewordenen Mittheilungen von competentesten Seiten ist der Sonn- und Feiertagsunterricht in Baiern, zu dessen Theilnahme die mit 13 Jahren oder im 14. Jahre aus der Schule entlassenen Knaben durch mehrere Jahre verpflichtet sind, kaum im Stande das in der Schule Erlernte in einem für das künftige Berufsleben ausreichenden Maße zu bewahren.

gegen ein angemessenes Honorar zu übernehmen. — Die Kosten einer Fortbildungsschule sind auf 50 bis 100 fl. Honorar für den Lehrer anzuschlagen, wozu noch die Kosten der Beheizung und Beleuchtung kommen."

„7. Die Festsetzung der Entrichtung eines mäßigen Schulgeldes, dann Beiträge von Seite der betreffenden Gemeinde, Befreiung der Unbemittelten vom Schulgeld, Unterstützung von den Organen des landwirthschaftlichen Vereins oder aus öffentlichen Fonds, werden empfohlen."

„8. Die Gründung eines landwirthschaftlichen Fortbildungsunterrichtes und dessen Leitung in landwirthschaftlich-applicativer Richtung wird insbesondere den landwirthschaftlichen Bezirks-Comités anheimgegeben. Die unmittelbare Aufsicht wird zugleich von dem betreffenden k. Schulinspector ausgeübt."

Ich glaube, daß dies ein recht schöner Anfang sei; möge er die beabsichtigten Erfolge haben; alsdann werden die gemachten Erfahrungen gewiß die sich als wünschenswerth hervorstellenden Modificationen und Erweiterungen der obigen Anordnungen veranlassen.

Herr Dr. Löll, erster Secretär des landwirthschaftlichen Kreis-Comité's und Lehrer an der zahlreich besuchten auf 2 Wintercurse eingerichteten Ackerbauschule in Würzburg, dessen Gefälligkeit ich meine hier über Baiern aufgenommenen Mittheilungen größtentheils verdanke, spricht sich in der Zeitschrift des landwirthschaftlichen Vereins in Baiern (Septemberheft 1866) dahin aus, daß eine Vervollständigung des naturkundlichen und des landwirthschaftlichen Unterrichtes an den baierischen Schullehrerseminarien dringend geboten sei, um die künftigen Lehrer für den landwirthschaftlichen Fortbildungsunterrichtes genügend vorzubereiten. Derselbe empfiehlt zugleich für Baiern die bezüglich des Fortbildungsunterrichtes in Württemberg neuerer Zeit getroffenen (von mir oben mitgetheilten) Maßnahmen. — Von anderer Seite wurde mir eine zeitgemäße Verbesserung des baierischen Volksschulgesetzes und des Lehrplanes für die Volksschule, aus dem namentlich das Uebermaß religiösen Memorirstoffes auszumustern sei, als bringend geboten bezeichnet, damit die Schüler auch schon in der Werktagsschule für ihren künftigen Beruf besser vorbereitet werden.

So viel ich in Erfahrung gebracht habe, existirt in Unterfranken blos eine freiwillige landwirthschaftliche Fortbildungsschule, diese aber schon seit 6 Jahren in dem Landstädtchen Mainbernheim. Der Unternehmer derselben, Knabenschullehrer Breuning, veröffentlicht in den Aprilblättern d. J. der Zeitschrift „der fränkische Landwirth" darüber interessante Mittheilungen. Er ertheilte den Unterricht ganz unentgeltlich und die Gemeinde gab ihm auch nichts und bestritt blos Beleuchtung und Heizung. Vom Erheben eines Schulgeldes räth er ab; auch ist er der Ansicht, daß man, indem die Theilnahme gänzlich freigestellt bleibe, bald die unliebsame Erfahrung machen werde, daß diejenigen sich der Theilnahme meistens entschlagen, die deren am meisten bedürftig seien. Er räth sehr dazu, daß man den Lehrern, welche sich zu Ertheilung des Fortbildungsunterrichtes verstehen, ein im Frühjahre umzugrabendes und zu bauendes eingezäuntes Grundstück übergebe, um Baumschulen, Versuchspflanzungen u. dgl. zu unterhalten, was zur Belehrung und Einübung der Schüler wesentlich dienen werde.

Von sonst in Baiern bereits existirenden Fortbildungsschulen ist mir keine Kunde geworden. Auch das Institut der landwirthschaftlichen Wanderlehrer ist bis jetzt dort nicht in Aufnahme gekommen. Man begnügte sich seither an den Lesevereinen und hier und da daran sich schließenden örtlichen Besprechungen, an den Bezirks- und Kreiswanderversammlungen.

Notizen aus Baden.

Meine Absicht auch bei einem Ausfluge in das Großherzogthum Baden über den neuesten Standpunkt in der Fortbildung des Bauernstandes genauere Erkundigungen einzuziehen wurde durch zufällige Hindernisse vereitelt. Indessen ist mir längst bekannt, daß im Großherzogthum Baden das Volksschulwesen auf einer eben so hohen Stufe steht, wie irgendwo im südwestlichen Deutschland; daß schon seit vielen Jahren den Schulamts-Candidaten an den Seminarien ein landwirthschaftlicher Unterricht ertheilt wird, und daß auch für den landwirthschaftlichen Unterricht, namentlich für den Fortbildungsunterricht auf dem Lande, Beträchtliches geleistet wurde.

Besonders war es der verstorbene Freiherr v. Babo zu Weinheim, welcher sich eingehend damit beschäftigte, den landwirthschaftlichen Unterricht in die Volksschule selbst aufzunehmen. Er schrieb und verbreitete zu dem Ende mehrere kleine Belehrungsschriften, und hatte es auch bis zum Jahre 1860 dahin gebracht, daß in etwa 30 Dorfschulen ein landwirthschaftlicher Unterricht ertheilt wurde. Bei mehreren öffentlich angestellten Prüfungen sollen die Knaben auch gut bestanden haben, ob es aber nicht mehr ein Auswendiglernen an der Stelle des wahren Verständnisses war, müssen wir dahin gestellt sein lassen.

In den letzten Jahren hat man in Baden besonders eifrig dahin gewirkt, daß in jedem Kreisverbande eine landwirthschaftliche Winterschule für den Mittelstand der badischen Landwirthe unterhalten werde, und aus öffentlichen Blättern entnahm ich, daß bereits 10 solcher Winterschulen bestehen. Andererseits vernahm ich, daß die Stände für 2 Lehrer an solchen Winterschulen Gehalte von 800 und 1000 fl. bewilligt hätten, mit der Bedingung, daß diese Lehrer im Sommerhalbjahre in ihrem Bezirke Wandervorträge halten. Ortsversammlungen mit Besprechungen (sogenannte landwirthschaftliche Casino) existiren auch schon seit längerer Zeit in Baden.

Populäre landwirthschaftliche Lehr- oder Lesebücher, welche im südwestlichen Deutschland empfohlen wurden und zum Theil in Gebrauch stehen.

Als Nachtrag zum Vorhergehenden führe ich auch noch mehrere der populären landwirthschaftlichen Schriften und Hilfsschriften an, welche in den vorerwähnten Ländern für den Fortbildungsunterricht, oder zur Belehrung des Landmannes überhaupt, namentlich auch für Dorfbibliotheken, empfohlen worden sind. (Die mehrfach empfohlenen Bücher sind mit *, die als Lehr- oder Lesebücher wirklich im Gebrauche stehenden mit ** bezeichnet).

1. v. Babo: a) die Hauptgrundsätze des Ackerbaues; b) Ackerbauchemie; c) Spaziergänge eines Lehrers mit seinen Schülern (landwirthschaftliche Besprechungen) 3 Heftchen; d) Rathgeber für den Ackersmann. *

2. Erzinger, landwirthschaftliches Lesebuch für Fortbildungsschulen. Stuttgart 1860. **

3. **Kik**, landwirthschaftliches Rechenbuch, Stuttgart 1859. **

4. **Lesebuch**, landwirthschaftliches, herausgegeben von mehreren landwirthschaftlichen Vereinen Württemberg's, Stuttgart 1863. **

5. **Ellwanger** landwirthschaftliche Blätter. Organ für landwirthschaftliche Fortbildungsschulen.

6. **Gloger**, die nützlichsten Freunde der Land- und Forstwirthschaft unter den Thieren.

7. **Gloger**, Ermahnung zum Schutz nützlicher Thiere.

8. **Adam Müller**, Lehrbuch der praktischen Landwirthschaft. 3. Aufl. Mainz 1862. *

9. **Albl**, Lesebuch für landwirthschaftliche Fortbildungsschulen. München 1866.

10. **Staiger**, landwirthschaftlicher Katechismus. 3. Aufl. Augsburg 1862.

11. **Stehle**, landwirthsch. Rechenbuch. 2. Aufl. Augsburg 1867.

12. **Lucas**, kurze Anleitung zur Obstcultur. Ravensburg 1866. *

13. **Lucas**, die Lehre vom Baumschnitt. Ravensburg 1866. *

14. **Lucas**, der Obstbau auf dem Lande.

15. **Schlipf**, populäres Handbuch der Landwirthschaft, Reutlingen.

16. **Dr. R. Hofmann**, theoretisch - praktische Ackerbauchemie. Prag 1866. *

17. **Stamm**, das goldene Buch der Landwirthschaft. Prag.

18. **Landwirthschaftliches** Lehr- und Lesebuch. 2. Aufl. Köln und Neuß. 1862.

19. **H. K. Schneider**, die Landwirthschaft in populären Briefen. 2. B. Frankfurt a. M. 1857, 1859.

20. **Dr. Ludw. Rau**, Beschreibung und Abbildung der nutzbarsten Ackergeräthe. Stuttg. Ebner und Seubert.

Ein näheres Eingehen oder ein Urtheil über den Inhalt dieser Schriften, deren Zahl sich leicht noch vermehren ließe, wird man von mir nicht erwarten. Diejenigen derselben, welche sich überhaupt als Leitfaden oder Lehrbuch beim Fortbildungsunterrichte für den Bauernstand eignen, sind stets für die bestehenden eigenthümlichen Verhältnisse ihres Landes berechnet. Wer sich damit befaßt, mehrere dieser Leitfaden durchzusehen, wird zur gleichen Ueberzeugung mit mir gelangen, daß keines jener Bücher für die bäuerlichen Verhältnisse in Oesterreich sich vollkommen eignet, ja daß die Verhältnisse im österreichischen Staate selbst so sehr von einander abweichen, daß, abgesehen von dem sprachlichen Verhältnisse, ein populäres landwirthschaftliches Lehrbuch, für die ganze Monarchie gleich brauchbar, ebenfalls ein Ding der Unmöglichkeit bleibt. Dagegen dürfte ein solches für die deutschen und halb deutsch halb slavischen Kronländer bearbeitet, eine willkommene Gabe sein, und einem fühlbar gewordenen Bedürfnisse entsprechen. Ich ergreife deshalb diesen Anlaß, kund zu geben, daß ich zufolge mehrfacher Aufforderung mit der Abfassung eines solchen Buches begonnen habe.

———

Der aufmerksame Leser wird aus dem mitgetheilten Materiale sich nunmehr leicht seine eigenen Ansichten bilden können, was uns Noth thut, und was mit Berücksichtigung der obwaltenden besonderen Verhältnisse geschehen sollte, geschehen könne. — Auch werden meine eigenen Ansichten in und zwischen den Zeilen unschwer zu finden sein. Demohnerachtet glaube ich zur möglichst vollständigen Lösung der Aufgabe, welche ich mir gestellt habe, nicht unterlassen zu dürfen, über die bereits oben (S. 9) aufgestellten sechs Fragepunkte schließlich meine Ansichten noch bündig zusammenfassen zu sollen, wobei ich zunächst die Verhältnisse in unseren deutschen und deutsch-slavischen Kronländern im Auge behalte.

I. Vervollkommnung des Volksunterrichts.

Daß die Volksschule nicht nur für die sittliche und religiöse, sondern auch für die künftige Berufsbildung der großen Mehrzahl der ländlichen Bevölkerung als die Wurzel, als der Keim zu betrachten sei, woraus das Gute wie das Schlimme sich entfaltet, je nachdem Wurzel und Keim gepflegt werden, darüber herrscht wohl bei allen einsichtsvollen Männern ein Einverständniß. Somit wäre auch, in voller Uebereinstimmung mit meinen hier entwickelten Ansichten, anerkannt, was der Abgeordnete von Plankensteiner in seiner jüngst in dem Abgeordnetenhause über die Hebung des Zustandes der bäuerlichen Wirthe gehaltenen trefflichen Rede, die so allgemeinen Anklang fand, aussprach: „daß in der Hebung der Volksschule das beste und wirksamste Mittel zur Hebung der Landwirthschaft zu erkennen sei."

Allerdings hat Herr v. Plankensteiner auch noch anderer Hilfsmittel, namentlich in der Gesetzgebung, gedacht, die zur Förderung des
gleichen Zieles Noth thun, und ich gehöre sicherlich nicht zu denen,
welche dies etwa in Abrede stellen. Aber alle Bestrebungen in anderer
Richtung werden nur geringen Erfolg haben, so lange dem Landmanne,
dessen Bestes sie bezwecken, das Verständniß abgeht! — Warum, frage
ich z. B., sträubt sich die Mehrzahl der Bauerngutsbesitzer gegen die
Aufhebung des Bestiftungszwanges, warum befürchten selbst noch
manche Männer, die zu den Einsichtsvolleren zählen, daß eine plötzliche
vollkommene Freigebung der Bewegung des Grundbesitzes neben den
damit erreichbaren Vortheilen auch noch große Calamitäten im Gefolge
haben werde? — Warum sträubt sich ein großer Theil der Bauern
gegen gesetzlich durchzuführende Arrondirung oder Zusammenlegung der
arg zerstückelten Grundstücke? Immer wird auf diese und ähnliche
Fragen die gleiche Antwort erfolgen müssen: es fehlt eben den Leuten
an der rechten Einsicht über das was ihnen Noth thut; aber auch an
den nöthigen Kenntnissen, um sich in die neue Lage richtig zu finden,
welche eine verbesserte Culturgesetzgebung zur Folge haben muß. —
Gewiß wird auch mit nur zu vielem Grunde geklagt, daß es dem
kleineren Grundbesitzer an billigem Capital mangelt, um sich zu helfen
oder selbst seinem sonst unfehlbaren Ruin vorzubeugen. Wenn sich aber,
wie ich vermuthe, am Ende herausstellen wird, daß vorerst in Oesterreich Geld zu billigen Zinsen für alle die es bedürfen gar nicht zu
haben ist, so wird man einsehen, daß vor Allem die bäuerliche Intelligenz sich steigern und dahin gelangen muß, daß sich für sie auch noch
eine Capitalanlage zu höheren Zinsen rentirt!

Und wenn es also fest steht, daß das erste und wichtigste Mittel
bessere Zustände bei der ländlichen Bevölkerung für die Zukunft zu
begründen, in der Volksschule zu suchen ist, — so steht eben so fest die
längst gemachte Erfahrung und offenkundige Thatsache, daß, wenn schon
in unserem Volksschulwesen in neuerer Zeit manche Verbesserungen
eingetreten sind, dasselbe dennoch unseren gerechten Anforderungen
durchaus nicht entspricht und daß eine durchgreifende Verbesserung
desselben bringend geboten sei *).

―――――――
*) (Nachtrag.) Diese Ansicht fand auch in dem jüngst in Wien abgehaltenen
ersten österreichischen Lehrertage ihre volle Bestätigung.

— 38 —

Ohne Zweifel thut eben so wohl eine Reorganisation, in manchen Ländern vielleicht auch Vermehrung der Lehrerbildungsanstalten (Seminare) wie ein durchgreifendes neues Schulgesetz dringend Noth. Mögen daher Diejenigen, bei denen Beruf und Verpflichtung hierzu vorliegt, ohne Verzug auch an das Werk schreiten*). Mancher beachtenswerthe Wink und manche Andeutung über weiter zu benutzende Quellen wird in meinen obigen Mittheilungen zu finden sein. Eines muß ich aber hier noch besonders hervorheben, daß nur da, wo wenigstens ein regelmäßiger Besuch der Schule von Seite der schulpflichtigen Kinder stattfindet, eine bessere Organisation der Volksschule überhaupt etwas nützen kann**); daß aber auch da, wo die große Mehrzahl der Schulpflichtigen die Schule in der That auch regelmäßig besucht, **ein befriedigendes Ziel erst wird erreicht werden können, wenn die Zeit für die Schulpflichtigkeit verlängert wird.** Die nächsten an das 12. Lebensjahr sich anschließenden Lebensjahre sind gerade diejenigen, in denen die nothwendigsten Elementarkenntnisse erst einigermaßen festen Boden gewinnen können und in denen das Denk-

---

*) Für die Bildung der Volksschullehrer bestehen in den einzelnen Kronländern verschiedene pädagogische Anstalten, meistens sogenannte Lehrerpräparantenschulen mit zweijährigem Curse, in Verbindung mit Musterschulen. — In der Volksschule sind die Kinder vom 6. bis zum vollendeten 12. Jahre pflichtig; planmäßig wird nur Religion und Lesen, Schreiben und Rechnen gelehrt; so nebenbei etwas, oft aber so viel wie nichts, von Geographie und Naturgeschichte. — Der confessionelle Charakter der Volksschule wird strenge gewahrt. Sie steht unter Aufsicht des Seelsorgers, und dieser wieder unter geistlicher Oberaufsicht (die evangelischen Schulen stehen unter den evangelischen Presbyterien). — Für die mit 12 Jahren aus der Schule getretenen Kinder besteht noch durch 3 Jahre die Verpflichtung die sogenannte Sonntagsschule zu besuchen. Der Zweck derselben ist die Fortbildung in den Schulgegenständen; dieser Zweck wird aber gar nicht, oder höchst unvollkommen erreicht. — In den Städten, namentlich den einigermaßen bedeutenderen, hat man 1 bis 3 höhere Klassen, sogenannte „Bürgerschulen" für den Elementarunterricht; hieran schließen sich die Realschulen.

**) Wie weit in dieser Beziehung manche Länder noch zurück, andere dagegen voran sind, geht aus einer offiziellen Veröffentlichung des Freiherrn von Helfert hervor, nach welcher im Jahre 1860 (es wird sich heute nicht wesentlich anders verhalten) auf je 100 Schulpflichtige an Schulbesuchenden kamen: in der Bukowina 10%, in Galizien 22%, in Istrien 41%, in Krain 55%, in Kärnthen 83%, in Steiermark 87%; in Schlesien, Böhmen, Mähren, Ober- und Niederösterreich, Salzburg, Tirol 95 bis 100 Procent.

vermögen auf den rechten Weg geleitet, für die künftige Berufsbildung überhaupt einigermaßen vorgearbeitet werden kann. Man hört wohl auch nicht selten den Einwand, daß sich die Geistlichkeit einer Erweiterung und Verbesserung des Volksschulunterrichtes, zugleich unter Rücksichtnahme auf den künftigen Beruf, widersetzen werde. Ich kann dieses unmöglich von der Mehrzahl der Geistlichen glauben, denn sie sind ja am besten in der Lage die Unvollkommenheit des gegenwärtigen Volksschulwesens an seinen Früchten zu erkennen; eine Beleidigung aber wäre es, gebildeten und in der Pädagogik erfahrnen Männern nicht die Einsicht zuzutrauen, daß mit der intellectuellen Bildung des Menschen auch dessen sittliche Bildung gehoben und somit die Hauptaufgabe des Geistlichen, die religiöse Belehrung und Bildung, die man ja nicht aus der Volksschule verbannen will, wesentlich gefördert werde. Und ist nicht auch zu erwarten, daß die Menschen, welche eine bessere Schulbildung erworben haben, eine vernünftige häusliche Erziehung, die bei der Jugendbildung so wesentlich mitzuwirken hat, lieber und besser in Anwendung bringen, also auch wiederum den Beruf des Geistlichen wirksamer unterstützen werden, als rohere in der Schule vernachlässigte Eltern *).

II. **An die Volksschule sich anreihender Fortbildungsunterricht.**

Die Nothwendigkeit eines solchen Fortbildungsunterrichtes glaube ich so vollkommen dargelegt und durch Beispiele illustrirt zu haben, daß ich sogleich dazu schreiten darf, von den Mitteln und Wegen zu reden, mit und auf denen dazu gelangt werden kann, und von den Bedingungen, ohne deren Erfüllung ein befriedigendes Ziel nicht zu erreichen sein wird.

Dabei handelt es sich selbstverständlich vor Allem um die Erfüllung nachbenannter Vorbedingungen: Verfügung über geeignete Lehrer, Bereitwilligkeit der Gemeinden zu den nothwendigsten Kosten

---

*) Ich gehe in meinen Ansprüchen an die Geistlichkeit zur Mitwirkung für unser Ziel noch weiter, indem ich hervorhebe, daß nicht zu viel geschehen könne, damit sich auch der junge Geistliche Kenntnisse in der Landwirthschaft erwerbe, denn sie werden ihm in seinem Berufe als Landgeistlicher sehr zu statten kommen, sowohl im allgemeinen, wie im eigenen Interesse. Bekanntlich wird auch an einigen geistlichen Seminarien Landwirthschaft vorgetragen.

beizutragen, Unterſtützung von Seite der landwirthſchaftlichen Vereine und der Schulbehörden. Je mehr die Schulen zurück ſind, um ſo ſchlechter werden auch die Lehrer bezahlt, und um ſo weniger werden ſie auch im Stande oder geneigt ſein, noch einen Fortbildungsunterricht zu geben. Gerade da werden aber auch die Eltern am wenigſten geneigt ſein, etwas für die Fortbildung ihrer Söhne zu thun, und dieſe wieder um ſo weniger geneigt ſein an dem Unterrichte Theil zu nehmen, je mehr er ihnen Noth thäte.

Ob irgend ein Zwang anwendbar ſei, iſt auch noch eine wichtige Frage; da aber die Verhältniſſe vorerſt eine allgemeine Aufnahme des Fortbildungsunterrichtes nicht zulaſſen, auch zahlreiche Beiſpiele der freiwilligen Einrichtung von Fortbildungsſchulen noch nicht zu erwarten ſind; ſo kann wohl dermal von geſetzlich gebotener allgemeiner Theilnahme an ſolchen freiwilligen Schulen noch nicht die Rede ſein, und noch weniger von erzwungener Errichtung von Fortbildungsſchulen.

Wie wir auch das Bedürfniß eines Fortbildungsunterrichtes erkennen und hoch anſchlagen mögen, in den Vordergrund ſtellt ſich zunächſt immerdar wieder das Erforderniß beſſerer Organiſation der Volksſchule überhaupt. Dabei, ſo wie auch bei der Reorganiſation der Lehrerſeminare, ſollte aber die möglichſte Rückſicht auf die früher oder ſpäter erfolgende Aufnahme des Fortbildungsunterrichtes genommen werden *).

Die Landwirthſchaftsgeſellſchaften aber ſind vor Allem berufen, dieſen wichtigen Gegenſtand in die Hand zu nehmen, gründlich darüber Berathung zu pflegen und nach oben wie nach unten unabläſſig dafür thätig zu ſein. Je nach den Zuſtänden und beſonderen Verhältniſſen des Landes werden mancherlei Modificationen im Vorgehen ſich als rathſam herausſtellen. Im Allgemeinen dürfte das jüngſt in Baiern in's Leben getretene Vorgehen (ſ. oben S. 28) ſowohl für unſere Vereine wie für unſere ſtändiſchen und Regierungsorgane, denen eine Mitwirkung zuſteht und von denen ſolche auch erwartet werden muß, auch für uns in mehrfacher Hinſicht als maßgebend zu empfehlen ſein.

---

*) Auch muß anerkannt werden, daß ſchon jetzt an manchen Lehrerpräparanden-ſchulen ein Unterricht in der Landwirthſchaft, oder wenigſtens im Obſtbau, in der Bienen- und Seidenzucht, ertheilt wird, und daß mancher unſerer jetzigen Schullehrer wohl im Stande iſt, Fortbildungsunterricht zu ertheilen.

Hiernach wird also der **allgemeine** Fortbildungsunterricht immer in erster Linie in's Auge zu fassen, dabei aber auf die künftige Berufsbildung die thunlichste Rücksicht zu nehmen sein (landw. Lesebuch, landw. Rechnungsaufgaben, für den Landwirth wichtigsten Grundsätze der Naturlehre ꝛc).

Uebrigens kann ich nicht unterlassen, nochmals darauf hinzuweisen, daß wir bis dahin wo die Lehrerbildungsanstalten besser organisirt und die darin besser vorgebildeten Lehrer in Thätigkeit getreten sein werden, die Hände nicht in den Schooß legen dürfen sondern daß wir unterdessen eifrig Bedacht nehmen müssen, daß auf bessere Belehrung und Fortbildung des tüchtigeren Theils der jetzt schon zu Gebot stehenden Lehrer thätig hingewirkt werde. Welche Mittel dazu dienen können, ist sattsam hervorgehoben worden.

Meines Wissens existirt im österreichischen Staate seit einem Jahre wenigstens **eine** ländliche Fortbildungsschule, nämlich die zu **Möbling**, vom dasigen Bezirksvereine, namentlich dessen Vorstand Herrn **Grutsch**, in's Leben gerufen, die als erstes gelungenes Beispiel von besonderem Interesse ist, und wenn sie auch erst auf dem Wege der Erfahrung eine musterhafte Organisation mit festem Lehrplane gewinnen kann, so hat sich doch schon in einer zahlreichen Theilnahme das Verständniß kund gegeben, daß solche Schuleinrichtung auch hier zu Land ein wahres Bedürfniß, und daß sie auch durchführbar sei.

Auf weitere wenn auch vorerst noch vereinzelte Beispiele zu rechnen, ist ja wohl keine überspannte Erwartung; sie werden dann auch weitere Erfahrungen an die Hand geben und immer zahlreichere Nachfolge veranlassen!

III. **Landwirthschaftliche Wanderlehrer.**

Welchen Einfluß die sogenannten Wanderlehrer auf die Belehrung des Bauernstandes nehmen können, glaube ich in meinen vorausgeschickten Mittheilungen über den in mehreren deutschen Ländern bereits seit Jahren bestehenden Wanderunterricht dargethan zu haben.

Eine gute Wahl der Person vorausgesetzt, so wird durch den Wanderlehrer jedenfalls anregend gewirkt, namentlich auch für Aufnahme und Förderung des Fortbildungsunterrichtes, der Ortsvereine zu Besprechungen, Associationen für nützliche Anschaffungen, Meliorationen, Versuchen ꝛc. Die Wanderlehrer sind überhaupt als die Pionniere für die Anbahnung eines landwirthschaftlichen

Fortschritts unter der Landbevölkerung zu bezeichnen. Kann auch eine durchgreifende systematische Belehrung, sowohl aus Ursache der großen Verschiedenheit im Fassungsvermögen der Theilnehmer, als wegen Mangel an Zeit, nicht erwartet werden, so wird doch die Aufmerksamkeit auf die bestehenden Mängel und das was Noth thut, gelenkt; weiterer Austausch der Meinungen, weiter gehendes Nachdenken und später fortgesetzte Berathungen, ja auch thatsächliches Vorgehen werden veranlaßt.

Daß in dem Wanderlehrer Kenntnisse und Geschick sich deutlich zu machen, die Aufmerksamkeit zu fesseln, mit einem unermüdlichen Eifer in einer immerhin selten anzutreffenden Weise vereinigt sein sollen, und daß, besonders für den Anfang, die Gewinnung eines tüchtigen Mannes für diesen Beruf ihre Schwierigkeit haben könne, — wird man leicht einsehen; so wie auch daß derselbe jedenfalls, bevor er auftritt, die landwirthschaftlichen Zustände von Ort und Gegend studirt und praktisch erhoben haben muß, es mögen nun dem Zwecke seiner Vorträge engere oder weitere Grenzen gezogen sein.

Wer anders als auch wiederum die Landwirthschaftsgesellschaft kann nun zunächst berufen sein, auch dieses wichtige Hilfsmittel zur Geltung zu bringen! Manche Anfänge sind auch schon hier und da in österreichischen Ländern gemacht worden. Dahin gehören die vor einigen Jahren viel besprochenen sogenannten „Feldpredigten" des Herrn von Horsky in Böhmen; die von der Landwirthschaftsgesellschaft in Kärnthen aufgenommene Einrichtung, daß der Gesellschaftssecretär im Sommer in den Bezirken den Landleuten populäre belehrende Vorträge halten soll; und die neuerlich von Seite der Landwirthschaftsgesellschaft in Tirol zu Stand gebrachte Annahme des Curaten Trientl, welcher sich um die Hebung der tirolischen Landwirthschaft durch Schrift, Wort und That vielfach verdient gemacht hat, als landwirthschaftlichen Wanderlehrer.

Für die Alpengegenden, in denen eine zerstreute Lage der Bauernhöfe meistens vorherrscht, ist das Institut der Wanderlehrer von erhöhter Wichtigkeit, denn jede sonstige die Belehrung des Landmanns bezweckende Berührung mit demselben ist dort erschwert; eben so schwer oder selbst undurchführbar ist unter solchen Verhältnissen die Errichtung von Fortbildungsschulen an Winterabenden.

IV. Landwirthschaftliche Dorfcasino.

Ich wähle zur Ueberschrift einen der vielen Namen, welche man den im südwestlichen Deutschland und hier und da auch in Norddeutschland in's Leben gerufenen und stark im Zunehmen begriffenen, auf einzelne Orte beschränkten, mehr oder weniger frei organisirten landwirthschaftlichen Abendversammlungen gegeben hat, und womit auch öfter Lesevereine und Associationen zu bestimmten die örtliche Cultur fördernden Zwecken verbunden sind.

Der Nutzen, den eine solche Veranstaltung zu gewähren im Stande ist, wird aus dem leicht zu ermessen sein, was ich darüber, sowie über an verschiedenen Orten bereits erlangte Erfolge im Verlaufe dieser Schrift angeführt habe. Man wird zugleich einsehen, daß, um mit derartigen Vereinen sichere Erfolge zu erreichen, der Culturzustand des Ortes und die Intelligenz seiner bäuerlichen Wirthe nicht mehr auf einer allzu niederen Stufe stehen, und daß es an einem geschickten und eifrigen Leiter, der sich des allgemeinen Vertrauens erfreut, nicht fehlen darf.

Ich erlaube mir zu wiederholen, was ich weiter oben schon einmal bemerkt habe, daß zu errichtende oder bereits bestehende ländliche Fortbildungsschulen wesentlich gefördert und gesichert seien, wenn sie sich an ein landwirthschaftliches Ortscasino anlehnen können. Wo aber ein solches in's Leben tritt oder besteht, ohne daß bereits eine Fortbildungsschule existirt, sollte die Aufmerksamkeit des Casino sich mit der Gründung der letzteren angelegentlich beschäftigen.

V. Wirken auf Belehrung und Bildung des Bauernstandes durch Schriften.

Es ist schon viel darüber gestritten worden, ob und in wie weit durch zweckmäßig abgefaßte Schriften, deren Verbreitung man sich angelegen sein läßt, auf den Bauernstand nützlich gewirkt werden könne.

Diese Sache ist aber wohl einfacher als man sie häufig ansah. Wer wagt wohl ernstlich noch an der Möglichkeit zu zweifeln, auch den Bauernstand mittelst gedruckter Mittheilungen belehren zu können, selbst wenn nicht viele überzeugende Thatsachen dafür geltend gemacht werden könnten! Ein solcher Zweifel wäre zugleich ein Verkennen oder Abläugnen des ungeheuren Einflusses, den die Buchdruckerkunst seit ihrer Erfindung auf die menschliche Gesellschaft ausgeübt hat. Oder man müßte auch einen solchen Zweifler fragen: weßhalb lehrt man denn auch den Bauernknaben überhaupt lesen? Wenn es ihm dereinst nichts nützen könnte, so möge man es lieber unterlassen!

Aber um einen Nutzen vom Lesen einer Schrift zu haben, muß man allerdings nicht blos zusammenbuchstabiren, sondern das Gelesene auch fassen und verstehen können; man muß ferner auch im Stande sein über das Gelesene vernünftig und klar denken zu können. Je besser daher der Volksschulunterricht war und zugleich das Denkvermögen geweckt und geübt worden ist, um so eher wird mit Schriften etwas gewirkt werden können, welche dem Fassungs- und Denkvermögen entsprechend abgefaßt sind, und so aber auch umgekehrt. — Wir erblicken also auch hier wieder den weit reichenden Einfluß von Volks- und Fortbildungsschule auf alle weiteren Mittel zur Verbreitung von Kenntnissen und Belehrungen unter dem Bauernstande!

Es bleibt übrigens anzuerkennen, daß die landwirthschaftlichen Vereine es sich in vielen Ländern des österreichischen Staates schon häufig angelegen sein ließen, besonders durch Kalender und eigens für den Bauernstand abgefaßte Wochenblätter, auf den letzteren belehrend zu wirken, und daß damit auch schon viel geleistet worden ist. Auch gibt es besondere für die Verhältnisse einzelner Länder berechnete populär abgefaßte Schriften.

Mit der Vermehrung von landwirthschaftlichen Fortbildungsschulen wird ein Handbuch für den Lehrer, wie ein Lesebuch für die Schüler zum Bedürfniß, und deshalb ist unsere Aufmerksamkeit auch hierauf zu richten.

Ueberall wo die Bildung des Bauernstandes so weit vorgeschritten ist, daß er populär abgefaßte Schriften verstehen kann und solche lesen und über den Inhalt nachdenken mag, kann die Gründung von Ortsbibliotheken, welche nützliche auf verständiger Auswahl beruhende landwirthschaftliche Schriften enthalten, oder die Gründung von landwirthschaftlichen Lesevereinen, nur als sehr nützlich anempfohlen werden.

VI. **Ackerbauschulen.**

Daß niedere für Bauernsöhne (wenigstens vorzugsweise für solche) bestimmte landwirthschaftliche Fachschulen, gemeinhin „Ackerbauschulen" benannt, wenn sie zweckmäßig eingerichtet und geleitet und auch nach Erforderniß dotirt sind, einen beträchtlichen Einfluß auf die Hebung der bäuerlichen Wirthschaften ausüben, ist so allgemein anerkannt, wie durch zahlreiche Beispiele erwiesen, auch in meiner vorstehenden Abhandlung mehrfach hervorgehoben. Zugleich aber glaube ich auch überzeugend dargethan zu haben, daß ein **durchgreifender** Einfluß auf die Bildung unseres Bauernstandes davon nicht erwartet werden darf. Betrachten wir hier nur noch das numerische Verhältniß der Schüler der gegenwärtig in den cisleithanischen Ländern bestehenden Ackerbauschulen zu der Masse der bäuerlichen Wirthschaften. Ihre Zahl ist höchstens zwanzig, und die Zahl der jährlich daraus abgehenden Schüler, welche dem Bauernstande angehören und in denselben zurückkehren, kaum 200! In jenen Ländern müßten aber wohl fünfzigmal so viel Ackerbauschulen sein, damit eine Mehrzahl der heranwachsenden Bauernsöhne einige Jahre hindurch darin unterrichtet werden könnte!

Dazu kommt, daß gegenwärtig viele Ackerbauschulen die Mehrzahl ihrer Schüler als wirthschaftliche Unteraufseher (Schaffer ꝛc.) an den größeren Grundbesitz abgeben, womit freilich diesem, und somit auch dem allgemeinen volkswirthschaftlichen Interesse gedient, jedoch die unmittelbare Hebung der bäuerlichen Wirthschaften wenig gefördert ist.

Eine wenigstens eben so große Einwirkung auf die Bildung und Belehrung des Bauernstandes als durch die Ausbildung von Schülern, gestehe ich den Ackerbauschulen noch zu in dem Einflusse, den sie auf die Bauern ihrer Umgebung durch unterhaltenen Verkehr mit diesen, durch ihr Beispiel wirthschaftlichen Fortschritts geben, vorausgesetzt daß dieses Beispiel in der That vorhanden ist. Ferner können sie auf die landwirthschaftliche Bildung der Volksschullehrer, auf die Heranbildung landwirthschaftlicher Wanderlehrer günstig einwirken.

Ueber die zweckmäßigste Einrichtung der Ackerbauschulen ließe sich auch noch Manches sagen, zumal da nicht alle diese Schulen auf der Höhe der Vollkommenheit stehen. Namentlich bleiben die Fragen dabei wichtig, ob und in wie weit die Schüler zu den wirthschaftlichen Arbeiten zu verwenden seien, wie viel theoretischer Unterricht daneben zu geben, und wie dieser einzurichten sei. Ich begnüge mich aber hier mit der Bemerkung, daß diese Schulen nicht über **einen** Leisten geschlagen werden dürfen, sondern daß bei ihrer Einrichtung der Zustand der bäuerlichen Wirthschaften, der Volks- und Bodencultur überhaupt, der Volksschulen insbesondere, wesentlich maßgebend sei.

Ich bin zum Schlusse gekommen. Ohne eine sogenannte Vorrede vorauszuschicken habe ich über den gewählten, auf dem Titelblatte bereits hinreichend bezeichneten Gegenstand mitgetheilt, was ich darüber gesammelt, erfahren und gedacht. Das Gegebene drückt, wie ich glaube, verständlich genug aus, was ich damit beabsichtige; daß Zweck und Wille wenigstens gut und rein seien, wird, so hoffe ich, auch ohne weitere Versicherung meinerseits vom unbefangenen Leser geglaubt werden.

In dem guten Glauben der mich beseelt, daß dieses Schriftchen an rechter Stelle eine Beachtung finden, und daß dasselbe nicht blos weitere Aeusserungen von competenter Seite, mögen sie auch in manchen Stücken im Widerspruche mit meinen Ansichten stehen oder solche zu berichtigen trachten, sondern auch ein thatkräftiges Vorgehen veranlassen werde, erlaube ich mir nur noch unsere geehrten landwirthschaftlichen Gesellschaften und Vereine ganz besonders zu ersuchen, dem Gegenstande ihre vorzügliche Aufmerksamkeit zuzuwenden und sodann das in's Auge gefaßte Ziel unablässig zu verfolgen, denn nur Schritt vor Schritt und im Verlaufe einer längeren Zeit wird es möglich sein, demselben näher zu kommen. Und weil ich die Ehre habe vielen landwirthschaftlichen Gesellschaften im österreichischen Staate, sowie auch einer namhaften Zahl solcher Vereine in anderen Staaten, als correspondirendes oder Ehrenmitglied anzugehören, so bitte ich alle diese hochgeehrten Vereine die vorstehende Mittheilung zugleich als einen schwachen Beweis anzusehen, daß ich mich meiner Pflicht erinnert habe, ihre gemeinnützigen Bestrebungen durch Wort oder That fördern zu helfen.

Wien im August 1867.